AF260359

5972.
H.

Cat. Denryou 23 ol. 47. —

CEREMONIES

OBSERVEES AV SACRE

ET CORONEMENT DV TRES-
CHRESTIEN ET TRES-VALEVREVX
HENRY IIII. Roy de France & de Nauarre.

Ensemble en la reception de l'Ordre du Sainct Esprit en l'Eglise de Chartres, és 27. & 28. iours du mois de Feurier 1594.

A PARIS,

Par FLEVRY BOVRRIQVANT, au mont S. Hilaire, pres le puits Certain, aux Fleurs Royales.

M. DCX.
Auec Priuilege du Roy.

Iouxte la copie imprimée en ladite ville de Paris, & en ladite année 1594. auec Priuilege de sa Majesté.

AV ROY.

SIRE,

Voftre Sacre & Coronement ont apporté tel fruict à la France, que les plus obftinez de ceux qui s'eftoient temerairement reuoltez de voftre obeiffance s'y font volontairement reduits, ayant eu cognoiffance de voftre droite intention, & fait plus que fuffifante preuue de voftre naïfue bonté, douceur & clemence.

L'efiouyffance publicque en a efté telle, que l'on ne peut dire qui en a receu plus de contentement ; ou vous, SIRE, d'auoir eu occafion d'également les embraffer, comme vos propres & naturels subjects (enfeuelijffant par oubliance perpetuelle les offences faictes à voftre Royalle dignité;) ou eux, de fe voir par voftre fage conduicte affranchis de l'intolerable ioug des eftrangers, qui ne tendoient qu'à les obftiner & roidir, à la ruine de leur propre patrie.

Ayans eu ce bon-heur & honneur, que ceft acte fi fainct, folemnel & ferieux, s'eft paffé en noftre Eglife, & par noftre miniftere ; deflors (pour en confacrer cefte benifte iournée à l'eternelle memoire de la pofterité, & l'exciter tant à celebrer vos loüables actions & loüanges immortelles, que remarquer Vôtre regne, comme vn regne comblé de toute prosperité) en dressames le present recueil, qu'auons tousiours differé de presenter à Vostre Majesté, & de mettre en lumiere iusques à present.

Il vous plaira, S I R E (qui estes le principal tesmoing de ce qui s'y est faict) l'auoir pour agreable, n'estans de nostre part poussez que de zele de pieté, sainteté & religieuse affection enuers Vostre Majesté, que Dieu vueille à iamais conseruer saine, sauue & heureuse. De Vostre ville de Chartres, ce 25. Auril 1594.

Vostre tres-humble, tres-obeïssant, tres-fidele orateur & seruiteur,

N. DE THOV, E. DE
CHARTRES.

CEREMONIES OBSERVEES

AV SACRE ET CORONEMENT DV
tres-Chrestien Roy HENRY
IIII. *de ce nom.*

PRES le lamentable decés du tres-debonnaire Roy Henry de Valois III. de ce nom (duquel la memoire soit en perpetuelle benediction) la Royale Corone de cest Estat escheut à Henry de Bourbon, estant chef de la sacrée tige de S. Loys ; à laquelle (par l'immuable disposition de la Loy Salique, en l'establissement de la Royauté) elle est de temps immemorial affectée. Aussi il n'y a nul de sain iugement, qui (outre son droict successif) ne l'en estimast tres-digne ; voire de gouuerner l'vniuers, pour ses heroïques & rares vertus.

A l'instant, il fut conseillé de se faire sacrer, à l'imitation de ses predecesseurs, pour marque de la souueraine puissance que Dieu luy auoit mise en main sur ses subjects.

Encor qu'il peut estre retenu par quelques scrupules, imprimez en sa conscience dés sa ten-

dre ieuneſſe : toutesfois Dieu (du don duquel
procede la Foy & tous bons mouuemens) l'inſpi-
ra de ce faire, & d'abjurer à ceſte fin les erreurs qui
l'auoient diſtrait des droits ſentiers de ſon ſalut.

Le xxv. de Iuillet 1593 il le fit ſolemnellement
en l'Egliſe de S. Denis, premier Apoſtre de la Fra-
ce, côme à la veuë & ſur les Sepulcres de ſes tres-
religieux & tres-deuots anceſtres, zelateurs (ſur
tous autres Princes) de l'honneur de Dieu.

Pour receuoir ceſte ſaincte Conuerſion, tant
neceſſaire à la Chreſtienté vniuerſelle, fut commis par les Prelats conuoquez, le reuerendiſſime
Archeueſque de Bourges, & grand Aumoſnier
de France Meſſire Regnaut de Beaune, qui auec
eſprit de douceur, moderation Chreſtienne, gra-
cieuſes remonſtrances, & feruentes prieres, le
reintegra en l'amiable giron de l'Egliſe, au deſir
des ſaincts Decrets, & en la forme requiſe par le
ceremonial Romain, apres auoir eſté competam-
ment inſtruit par gens doctes & de bonne conu-
erſation, ſur les poincts deſquels il deſiroit eſtre
eſclaircy.

A ce voir faire, eſtoient preſens pluſieurs Prelats, Princes, Officiers de la Corone, Magiſtrats
des Cours ſouueraines, & infinie nobleſſe: le peuple y affluant de toutes parts (rauy & tranſporté
de ioye indicible) rendit par ſa plauſible acclamation ample teſmoignage de l'eſperance qu'il
auoit conceuë de recueillir en brief (par la reſtau-

ration de la religion Catholique Apostolique &
Romaine, & restablissemēt de la tranquillité publicque) le fruict qu'il en auoit tousiours desiré:
& ja se veit vne partie de ceux qui s'en estoient
detraquez, voire iusques aux plus obstinez, y re-
tourner volontairement: ce que l'on se promet-
toit du reste, retenu par simple honte ou seule
crainte d'estre blasmez de legereté.

Lesdits Prelats en aduertirent aussi tost le sainct
Pere, auec tres-humble priere de le prendre en
bonne part: & comme fait, non par entreprise sur
sa supréme authorité & prééminence, mais pour
ne tirer en longueur ladicte conuersion, à la confusion de toutes choses diuines & humaines, &
euident péril de l'ame du Roy, iournellement ex-
posé au danger de sa vie entre les armes, & pour
plusieurs autres raisonnables considerations, cô-
tenuës en leur remonstrance, qui n'estoient à mé-
priser, pour ne perdre l'occasion que Dieu (en la
main duquel est son cœur) presentoit par luy de
reünir amiablemēt la France en mesme religion,
volonté & accord. Les graces aussi du S. Esprit
ne sont iamais lentes & tardiues, ains prompte-
ment operent en toute efficace, ainsi que S. Paul
en vn clin d'œil deuint grand deffenseur de l'E-
glise. *Act. 9.*

Et comme le Roy desiroit se conformer aux
loüables coustumes de ce Royaume, & suiuant
icelles estre sacré à Rheims, comme les autres

Roys ſes anceſtres ; & voyant que les troubles l'en empeſchoiēt, ladite ville de Rheims tenant le party contraire, & n'y pouuant entrer pour lors ; & eſtant bien informé qu'il pouuoit licitement, & non ſans exemple de ſes predeceſſeurs, ſe faire ſacrer ailleurs (n'eſtant preciſément aſtraint de receuoir la ſaincte Onctiō en l'Egliſe de Rheims, ny par les mains de l'Archeueſque du lieu. pour les raiſons à plain deſduites par Yuo Eueſque de Chartres au Sacre du Roy Loys le Gros, faict à Orleans par l'Archeueſque de Sens & ſes ſuffragans en l'an 1108.) il choiſit ſur toutes autres Egliſes celle de Chartres, pour la peculiere deuotion que ſes anceſtres, Ducs de Vendomois, comme Dioceſains & principaux parroiſſiens, y auoient touſiours porté, & eu Archidiacre, pour la ſpirituelle direction de leur pays, chapelle propre, ſeruice diuin, annuellemēt faict à leur intention, auec leur obit au lendemain des cinq feſtes de noſtre Dame, de laquelle & de ſon Egliſe le tres-deuot Prince Loys de Bourbon s'ordonna homme de ſa perſonne en l'an 1413. Ioint que le ſpecieux Temple qui s'y voit, eſt le plus ancien de la Chreſtienté, ayant eſté conſtruict en ſon honneur, & ſous ſon inuocation, auant l'incarnation du Verbe eternel ; & que Clouis premier Roy Chreſtien eſtant en volonté de ſe faire baptizer, y fut ſolemnellement catechiſé par S. Soleine, lors Eueſque du lieu.

Arriuee du Roy à Chartres.

SI toſt que les affaires de ſa Majeſté luy permi-
rent de venir a Chartres, à l'effect que deſſus,
il s'y achemina : & ſans faire entree ſolemnelle,
(pour l'auoir ja faite autrefois) y arriua le 17. de
Feurier dernier paſſé.

Le lendemain ouït la Meſſe deuotement en
l'Egliſe noſtre Dame, à l'entree de laquelle le reuerend Eueſque de Chartres, Meſſire Nicolas de
Thou (aſſiſté du venerable Doyen M. Loys Boucher, & du Chapitre d'icelle) luy fit, au nom du
Clergé, la reuerence : & tres humblement le re-
mercia, de ce qu'il luy plaiſoit honorer ladite
Egliſe de la ſolemnité de ſon Sacre : auec inſtan-
tes prieres à Dieu, à ce qu'il luy pleut (de ſes propres & venerables mains) luy impoſer ſur ſon chef
la Royale Corone de la monarchie Françoiſe, &
la combler de ſes ſainctes benedictions : pour
(ſouz ſa diuine protection) heureuſement la regir en paix, & courageuſement deffendre en
temps de guerre, à ſa perpetuelle loüange : luy
offrant en toute humilité, le ſeruice, l'obeiſſance
& fidelité qu'ils recognoiſſoient deuoir à ſa Majeſté, du tres-expres commandement de Dieu,
comme à leur vray, vnique, ſouuerain & naturel
Prince & Seigneur : enſemble la continuation

des suffrages de l'Eglise, pour sa tres-noble prosperité & bon succés de ses loüables desseins, con-
seils & entreprises. A quoy il respondit gracieu-
sement, qu'il acceptoit leurs offres, & feroit pa-
roistre à toutes occurrences, que son affection &
bien-vueillance naturelle n'estoit moindre en
leur endroict, que celle de ses predecesseurs, en se
comportant comme requeroit leur deuoir &
profession.

Reception de la saincte Ampoule.

LE 19. dudit mois, sur l'aduertissement de l'arriuée des Religieux de Marmoustier, appor-
tans (souz la conduicte du sieur de Souuré gou-
uerneur de Touraine) la saincte Ampoule de S.
Martin, pour (au defaut de celle de Rheims) en
oindre le Roy, fut le Clergé processionellement
au-deuant (sur les deux heures de releuée) iusques
à la porte des Esparts : & de là reueremment la
conduit & posa au Royal monastere de S. Pierre
en Valée, en telle resiouïssance du peuple, qu'il
ferma ses boutiques, & honorablement tendit les
rües sur les aduenües du chemin : dont au soir (en
la nef de l'Eglise nostre Dame) fut dit vn salut, en
action de graces à Dieu : toutes les cloches son-
nantes, en signe de publicque allegresse : & le lendemain l'on fit solemnelle procession, par le haut
& bas de ladite Eglise ; à laquelle le Roy deuote-

ment assista, auec sa Noblesse & Officiers dome-
stiques, tant pour la susdite cause, que pour la re-
duction des villes d'Orleans & de Bourges à son
obeïssance : en esperant que les autres ayans gou-
té le fruict de la douce & gracieuse liberté Fran-
çoise, feroient le pareil, à leur exemple.

Preparation du Roy pour son Sacre.

ET parce que le Karesme approchoit, le Sacre
fut remis au premier Dimâche (iour accepta-
ble & de salut.) Cependant le Roy (pour dignement s'y disposer) ieusna par trois iours, & s'em-
ploya soigneusement en tous exercices de pieté
Chrestienne.

En la vigile dudit iour, il ouyt en la chapelle
S. Piat la predication, y faite par le venerable Do-
cteur en Theologie M. René Benoist, Curé de
S. Eustache de Paris, & nommé par sa Majesté à
l'Euesché de Troyes, sur la diuine institution &
efficace de la sacrée Onction des Roys : assista
aussi à la Messe & Vespres, accoustumées estre dites au matin en telle saison.

Sur les huict heures du soir, retourna en ladite
Eglise, pour y faire ses deuotions particulieres, &
auriculairement se confesser audit Benoist ; duquel ayant (à genoux, & en toute humilité) receu
l'absolution sacramételle, en la forme de l'Eglise,
se retira en l'hostel Episcopal, iusqu'au lendemain

matin, qu'il fut Sacré, Coroné, installé, & mis en la réelle possession de son Royaume, en la maniere qui ensuit.

Preparatifs pour le Sacre.

AVant la venuë du Roy, l'on auoit en toute diligence preparé en l'Eglise ce qui estoit requis pour la ceremonie du Sacre.

Premierement, le Chœur fut paré & tendu de riche tapisserie, & mis vne chaize deuant le grand Autel, pour l'Euesque qui deuoit faire l'office.

Vis à vis de ladite chaize, enuiron neuf ou dix pieds en arriere, fut dressé vn haut daiz, esleué de demy pied, & de deux toises & demie en quarré, couuert de tapis de soye, & posée dessus vne autre chaize tres-riche, auec vn daiz & ciel de tres-excellente broderie.

Entre lesdites chaizes estoit vn appuy d'oratoire, couuert d'vn drap de toille d'argent, damassée à fueillages rouges, & deux carreaux de mesme, dont l'vn & le plus bas estoit de longueur d'enuiron cinq quartiers, pour seruir à sa Majesté, & à l'Euesque officiant, lors qu'il conuiendroit se prosterner durant le chant de la Letanie.

Derriere la chaize preparée pour le Roy, fut dressée vne escabelle, couuerte de satin bleu, semée de fleurs de lis d'or, pour faire seoir celuy qui representeroit monsieur le Connestable.

Enuiron trois pieds plus arriere, fut posée vne autre escabelle, parée comme la precedente, pour monsieur le Chancelier.

Plus arriere, enuiron trois pieds, fut mise vne selle couuerte de mesme, pour messieurs les grands Maistres, grand Chambellan, & premier Gentil-homme de la chambre, qui deuoient seoir ensemble.

A la dextre dudit Autel fut preparée vne grande forme couuerte de tapis, pour Messieurs les Pairs Ecclesiastiques, & vne autre derriere eux pour les Prelats, n'estans occupez au ministere du Sacre.

En mesme endroit estoit vn autre banc, tant pour Messieurs du Conseil d'Estat de robbe longue, que pour Messieurs les Presidents & Conseillers du Parlement, transferé pour les troubles à Tours, & qui estoient mandez par le Roy, pour assister à ceste ceremonie.

Le lieu de la grande chaize Pontificale fut reserué pour Messieurs les Secretaires d'Estat.

Au costé senestre dudit Autel, fut aussi parée vne longue selle pour Messieurs les Pairs Lais.

Derriere eux en fut mis vne autre pour Messieurs les Ambassadeurs, & vn pauillon pour ouïr le Roy en confession auriculaire.

Au mesme rang l'on dressa vn banc pour les Seigneurs qui seroient deputez à receuoir la Corone Royalle, & descharger le Roy de son Sceptre & main de Iustice, tant à l'offrande qu'à la Communion,& toutesfois que requis seroit.

Vers le iubé, derriere ledict banc,furent mis autres sieges pour Messieurs les Cheualiers du Sainct Esprit,& autres Seigneurs,tant des affaires que du Conseil.

Outre ce,furent dressez eschaffauts à l'entour du dedans du Chœur,auec quatre grãds escaliers de bois,pour y monter par dehors.

Le plus prochain de la main dextre fut reserué pour mesdames les Princesses,Dames de la Cour, Seigneurs, Gentils-hommes & Damoiselles de leur suite ; & au mesme costé, place pour Messieurs du grand Conseil & des Finances ; & au bout,pour les cent Gentils-hommes de la maison du Roy ; & le costé senestre, pour les notables personnes ; ausquels seroit donné entrée par Messieurs les Capitaines des gardes,& Maistres des ceremonies.

Les galleries du Chœur & de la nef furent delaissées à ceux qui y pourroyent trouuer place, par la licence de ceux qui les auoient en garde.

Au pupitre & iubé du Chœur,au dessous du Crucifix,fut dressé le Throsne Royal,en la façon qui ensuit.

Forme du Throfne Royal.

AV milieu dudit pupitre fut faite vne plate-forme de fept à huict pieds de long, & de cinq de large, en laquelle on montoit dudit pupitre par quatre marches.

Sur cefte plateforme fut pofée la chaize du ROY, en telle forte, que luy eftant affis, pouuoit eftre veu de ceux qui feroient au Chœur, depuis l'eftomach en haut, & de ceux qui feroient en la nef, depuis la ceinture.

Au deffus y auoit vn daiz de velours violet, femé de fleurs de Lys d'or.

Deuant ladite chaize fut mis vn appuy d'oratoire, au deffouz duquel, & fur le plan dudit pupitre, fut preparée vne felle pour celuy qui tiendroit le lieu de Monfieur le Conneftable.

A la dextre, fur la feconde marche de ladite plateforme, fut pareillement dreffé vn fiege pour Monfieur le grand Chambellan; & à la feneftre, fur la premiere & plus baffe marche de ladite plateforme, vn autre pour Monfieur le premier Gentil-homme de la chambre.

Audeuant de la chaize preparée pour fa Majefté, fur ledict plan, fut à la dextre preparé le fiege pour Monfieur le Chancelier, & à la feneftre, pour Monfieur le grand-Maiftre.

Contre l'appuy dudit pupitre, regardant la nef,

furent mis sieges pour Messieurs les Pairs Ecclesiastiques, à la dexre du Roy; & à la senestre, pour Messieurs les Pairs lais, le tout paré de riche tapisserie.

Au bout dudit pupitre, à la dextre du Roy, fut dressé vn autel pour dire Messe basse deuant sa Majesté.

Pour monter audit Throsne, furent posez dedans le Chœur deux grands escaliers de bois, à dextre & à senestre, auec barrieres & appuis, ornez de tapis.

Celebration du Sacre.

LE premier Dimanche de Karesme, 27. de Feurier, fut faicte la ceremonie dudit Sacre: Et pour n'en retarder l'office, les Chanoines de ladite Eglise preuindrent dés le soir precedent l'heure ordinaire des matines, en la chapelle de Sainct Piat.

Le sieur de Rhodes, grand Maistre des ceremonies, assisté du sieur de Sutenne, Maistre d'hostel ordinaire du Roy, auec le sieur de Chasteauvieux, Capitaine de la garde Escossoise, s'y trouuerent de grand matin, pour empescher la foule, desordre & confusion de l'affluence du peuple, & y faire placer vn chacun, selon sa qualité.

Commis-

Commißion du Roy, pour aller querir la Saincte Ampoule.

SVr les six heures du matin, furent cõmis par le Roy quatre Barons pour aller querir la saincte Ampoule à S. Pierre en Valée, & seurement la cõduire en l'Eglise de Chartres : sçauoir Monsieur le Comte de Lausun, fils aisné de Monsieur le Comte de Lausun, de la maison de Caumont.

Monsieur le Comte de Dinan, second fils de Monsieur de Piennes, Duc de Haluuin.

Monsieur le Comte de Cheuerny, Messire Henry Hurault, fils aisné de Messire Philippes Hurault, Comte de Cheuerny, Chancelier de France.

Monsieur le Baron de Termes, frere puisné de Monsieur de Bellegarde, grãd Escuyer de France.

Ordre y tenu.

LEsdits Barons partirẽt du logis du Roy pour ce faire, auec leurs Escuyers & Gentils-hommes, portant l'vn d'iceux (chacun deuant son maistre & seigneur) au bout d'vne lãce, la bãniere des armes de son maistre, peinte de ses couleurs.

Ils firent mener auec eux vne hacquenée blãche, pour le Religieux de Marmoustier qui ap-

R

porteroit ladite saincte Ampoule, à l'vsage dudit Sacre.

Ledit Religieux ayant receu promesse & serment solemnel desdits Barons de la mener & ramener seuremét, partit de ladite Abbaye de sainct Pierre, monté sur ladite haquenee blanche, ayant sur soy vn poile de damas blanc, soustenu par quatre Religieux, reuestus d'aubes blanches.

A ceste conduitte assista le President & Lieutenant general du Bailliage & siege Presidial de Chartres, maistre François Chauoine, auec les Escheuins & Bourgeois à ce deputez en l'hostel commun de la ville, par acte du 26. dudit mois de Feurier, portans chacun vne torche de sire blanche, aux armoiries du Roy & de ladite ville. Les Religieux de S. Pierre en firent de leur part porter quatre, aux armoiries de leur Abbaye.

Les ruës furent (auec tres-grand respect & deuotion du peuple) tenduës decentement depuis ladite Abbaye iusques à la principale & Royale porte de l'Eglise nostre Dame, où la saincte Ampoule fut reueremment posée, en la Chappelle de Vendosme.

Arriuée du Reuerend Euesque de Chartres en l'Eglise.

A L'aube du iour, le Reuerend Euesque de Chartres, Messire Nicolas de Thou (auquel appartenoit de faire en son Eglise, au lieu du Reuerendissime Archeuesque de Kheims, premier des Pairs, l'office du Sacre) entra au Chœur auec son rochet & camail, assisté dudit maistre Loys Boucher Doyen, & de maistres Fleury d'Aubermont Chantre, Claude Robert souz-doyen, Iacques Mestiuier Archidiacre de Blois, Claude Gouine Archidiacre de Vendosme, Hierosme le Beau Chancelier, René Percheron Cheuecier, Iean Gallois, Iean Doyet, Claude Louppercau, Florent Mathieu, Claude Couart, Guillaume Lehouys, Nicolas Estiëne, Michel Gaultier, Iean de Rhemes, & Noël le Vauasseur, Chanoines de ladite Eglise, reuestus de surplis, & y ayans fait, à genoux, leurs prieres au-deuant du maistre Autel, ledit Euesque print vne estole, chappe de drap d'or, sa mitre & crosse, & les susdits Chanoines chappes ou tuniques de drap d'or, selon le ministere auquel ils estoient deputez.

Ledit Euesque se sied, pour attendre la venuë de Messieurs les Pairs, en la chaize à luy preparée, au-deuant dudit Autel, estans lesdits Chanoines autour de luy.

Arriuée de Messieurs les Pairs, & leur conference.

Q Velque temps apres arriuerent en habits Pontificaux messires Philippes du Bec, Henry Maignan , Henry d'Escoubleau, Claude de Laubespine,&Charles Miron:Euesques de Nantes,Digne,Maillezais,Orleans & Angers, subrogez au lieu,& representãs les Euesques de Laon, Langres, Beauuais, Chaalons & Noyon, Pairs Ecclesiastiques,les vns desquels estoient absents, ou mal disposez , ou morts ; & apres auoir fait leurs prieres,s'assirent és sieges à eux preparez.

Messieurs les Pairs lais partirent à l'instant du logis du Roy pour venir à l'Eglise,vestus de tunique de toile d'argent , damassees à fueillages rouges ,longues iusqu'à my-iambe,& pardessus des manteaux ou epithoges de sarge drapée,teinte en escarlate violette , ouuerts & fendus sur l'espaule droite, auec colets ronds & renuersez, les paremés & lesdits renuers fourrez d'hermines mouchetez, ayant chacun des trois Ducs en la teste le chappeau Ducal d'or,& chacun desComtes vn cercle d'or.

Et ayans fait aussi leurs prieres & les reuerences en tel cas requises,s'approcherent auec Messieurs les Pairs Ecclesiastiques dudict Euesque de Chartres , afin de conferer ensemble de ce qu'estoit à faire pour aller au-deuant du Roy,& le conduire en l'Eglise.

Ils deputerent d'vn commun consentement à ce faire,les Euesques de Nantes & de Maillezais, representans ceux de Laon & de Beauuais , conformément à l'ancienne coustume, obseruée és

Acheminement desdits Euesques vers le Roy.

A L'inftant ils partirent proceffionellement de l'Eglife en habits Pontificaux, ayans reliques de Saints, & affiftez des fufdits Chanoines pour aller querir le Roy en fon logis.

Au-deuant d'eux marcherent les Chantres habituez, & enfans de Chœur, auec deux Croix, chandeliers, encenfoirs & benoiftier.

Tous entrerent en la premiere chambre du Roy, qu'ils trouuerent affis, & comme couché fur vn lict richement paré.

L'Euefque de Nantes s'en approcha reueremment, & dit l'oraifon fuiuante.

Oremus.

OMnipotens fempiterne Deus, qui famulum tuum Henricum regis faftigio dignatus es fublimare, tribue quæfumus ei, vt ita huius feculi curfu multorum in commune falutem difponat, quatenus à veritatis tuæ tramite non recedat. Per Dominum noftrum Iefum Chriftum filium tuum qui tecum viuit & regnat, &c.

Conduitte du Roy à l'Eglife.

L Adite oraifon acheuée, ledit Euefque de Nantes prit honorablement le Roy par la dextre,

& l'Efuefque de Maillezais par la feneftre, & le menerent proceffionellement à l'Eglife, chantans auec le Clergé,

Ecce mitto Angelum meum qui præcedat te & cuftodiat femper, obferua & audi vocem meam, & inimicus ero inimicis tuis, & affligentes te affligam, & præcedet te Angelus meus.

Ce refpons finy, fut dit le verfet fuiuant.

Ifrael fi me audieris, non erit in te Deus recens, neque adorabis Deum alienum, ego enim Dominus: obferua & audi vocem meam, & inimicus ero inimicis tuis, &c.

Enfuit l'ordre tenu à ladite proceßion.

PRemierement marchoit ledict fieur de Surenne, qui faifoit marcher les Archers du grand Preuoft les premiers.

Apres eux le Clergé, qui auoit accompagné lefdits deux Prelats.

Les Suiffes de la garde.

Les Trompettes.

Les Herauts.

Les Cheualiers du S. Efprit.

Les Huiffiers de la chambre du Roy, auec leurs maffes.

Les Archers des gardes.

Les Efcoffois, pres de la perfonne du Roy.

Puis deuant le Roy marchoit monſieur de Matignon, Mareſchal de France, repreſentant monſieur le Conneſtable, veſtu d'vne tunique de toille d'argent, damaſſée de violet, le manteau & le cercle ſur la teſte en la forme & maniere d'vn des Pairs Comtes lais, & portant en la main droite l'eſpée nuë la poincte droite en haut.

Apres marchoit tout ſeul monſieur le Chancelier de France, veſtu d'vne tunique de velours cramoiſy rouge, longue iuſques aux pieds, & d'vn manteau ou epitoge d'eſcarlate rouge, rebraſſé & fourré d'hermines, deux limbes de meſme, couuertes de paſſement d'or ſur chacune eſpaule, & le mortier de drap d'or en la teſte.

Monſieur le Comte de ſainct Paul, tenant le lieu de grand Maiſtre, & ayant le baſton droit en la main droite, ſuiuoit.

A ſa dextre eſtoit monſieur le Duc de Longueuille, grand Chambellan de France ; & à ſa ſeneſtre monſieur de Bellegarde, grand Eſcuyer, tenant ſon lieu de premier Gentil-homme de la Chambre : tous trois veſtus de tunique & manteau, comme les Pairs lais : Monſieur de Longueuille auoit en la teſte vn chapeau Ducal, comme vn Duc Pair : les autres deux, des cercles comme les Comtes Pairs, & deux limbes ſur les mãteaux.

Arriuée du Roy à la porte Royale de l'Eglise.

A Ladite arriuée le Clergé s'arresta, & y dit l'Euesque de Maillezais (representant celuy de Beauuais) l'Oraison suiuante.

Oremus.

Deus qui scis genus humanum nulla virtute posse subsistere, concede propitius, vt famulus tuus Henricus quem populo tuo voluisti præferri, ita tuo fulciatur adiutorio, quanto quibus potuit, præesse valeat & prodesse. Per dominum nostrum Iesum Christum, &c.

Entrée du Roy en l'Eglise.

A Pres ladite oraison, le Roy entra en l'Eglise, les Chanoines chantans iusqu'au Chœur, *Domine in virtute tua lætabitur rex, &c.* Et estant arriué deuant le grand Autel, lesdits Euesques le presenterent à l'Euesque de Chartres officiant, qui dit ceste oraison.

Oremus.

Omnipotens Deus cœlestium moderator, qui famulum tuum Henricum ad regni fastigium dignatus es prouehere, concede quæsumus, vt à cunctis aduersitatibus & ecclesiasticæ pacis dono muniatur, & ad eternæ pacis gaudia te donante peruenire mereatur.

Oblation faite par le Roy à l'Autel de l'Eglise.

LA dite oraison finie, il offrit à Dieu vne chasse d'argét doré, pour y mettre reliques de saints, en laquelle depuis furent reueremment posees (par le Chapitre) aucunes de celles de S. Loys, de la saincte semence & source duquel il est deriué.

Puis il fut amené par lesdits Euesques de Nantes & Maillezais en la chaize qui luy estoit preparée, vis à vis de celle de l'Euesque de Chartres.

A son costé droict estoit le sieur de Chasteauvieux, Capitaine de la garde Escossoise, & lesdits Escossois pres la personne de sa Majesté.

A gauche estoit le sieur de Pralin, Capitaine des gardes Françoises.

Deuant le Roy estoit (à deux pieds, à costé droit) monsieur de Chauigny, Capitaine de l'vne des compagnies des cents Gentils hommes ; & à gauche, monsieur de Rambouillet, Capitaine de l'autre ; & lesdits cents Gentils-hommes confusément pres leurs Capitaines.

Derriere le Roy estoit assis ledit sieur de Matignon sans espée, mondit sieur le Chancelier derriere luy, chacun d'eux sur vne escabelle.

Derriere ledit sieur Chancelier, & plus en arriere, estoit ledit sieur grand Maistre sur vne selle,

& ledit sieur grand Chambellan au milieu; puis ledict sieur premier Gentil-homme de la chambre.

Office diuin faict en attendant l'arriuée de la saincte Ampoule.

LE Roy estant assis en sa chaize, l'Euesque de Chartres luy donna de l'eau beniste, ensemble à Nossieurs les Pairs, officiers de sa Majesté, & à l'assistance: Ce faict le Chœur commença à chanter Tierce.

Arriuée de la saincte Ampoule.

SI tost que l'Euesque de Chartres fut aduerty par le sieur de Rhodes de la venuë de la saincte Ampoule, il alla au-deuant processionellement, accompagné desdicts Euesques de Nantes, & de Maillezais, ensemble des Chanoines dessus nommez, iusqu'à la chapelle de Vendosme, auec croix, encensiers & chandeliers, pour honorablement l'y receuoir.

A la reception d'icelle fut chantée par lesdicts Chanoines ceste Antiphone.

O Preciosum munus, ô preciosa gemma, cuius visibili dono inuisibilia percipimus.

Verset dit par les enfans de Chœur.

Inuent Dauid seruum meum.

Respon. par lesdicts Chanoines.

Oleo sancto meo vnxi eum.

Oraison dite par l'Euesque de Chartres.

Oremus.

Omnipotens sempiterne Deus, qui pietatis tuæ dono genus Regum Francorum oleo perungi decreuisti, præsta quæsumus vt famulus tuus Rex noster Henricus præsenti hac sacra vnctione perunctus semper in tuo seruitio dirigatur, & ab omni infirmitate misericorditer liberetur. Per dominum nostrum, &c.

Promesse faite par l'Euesque de Chartres de rendre ladite Ampoule.

LEs Religieux de Marmoustier requirent publiquement ledict Euesque, auant que luy liurer ladite Ampoule, de promettre en parole de Prelat, de la leur rendre apres le Sacre: ce qu'ayāt faict de bonne foy, il l'apporta sur le maistre Autel de l'Eglise, & la monstra à descouuert aux assistans, pour Religieusement la venerer.

Ordre tenu à l'entrée de ladite Ampoule au Chœur de l'Eglise.

LEsdicts Barons y entrerent auec ladite Ampoule, portans en leurs mains les lances, esquelles estoient les panonceaux de leurs armoiries, & s'assirēt (pour ouïr le diuin seruice) és chaizes des Chanoines, à main gauche.

Les Religieux de Marmoustier, & de sainct Pierre se rangerent és enuirons du maistre Autel, comme firent les officiers du Roy & Escheuins qui les auoient accompagnés.

Requeste faicte au Roy par l'Euesque de Chartres.

CE faict, ledict Euesque s'approcha du Roy auec les Euesques de Nantes & Maillezais pour humblement luy faire la demande & requeste cy inserée.

Teneur de ladite requeste.

NOus vous demandons que vous nous octroyez chacun de nous, & aux Eglises desquelles nous auons la charge, les priuileges Canoniques, & droicts Loix, & Iustice, & que vous nous defendiez, comme vn Roy en son Royaume doibt tous les Euesques & leurs Eglises.

Responfe du Roy.

IE vous promets *&* octroye que ie vous conferue-
ray en vos priuileges canoniques, comme aufsi vos
Eglifes, *&* que ie vous donneray de bonnes loix, *&*
feray Iuftice, *&* vous defendray (aydant Dieu, par fa
grace) felon mon pouuoir , ainfi qu'vn Roy en fon
Royaume doibt faire par droict *&* raifon à l'endroit
des Euefques *&* de leurs Eglifes.

Interpellation faicte par les Euefques de Nantes & Maillezais aux afsiftans.

APres la refponfe du Roy , lefdicts Euefques
demanderent au peuple s'il l'acceptoit pas
pour Roy, & l'ayant vnanimement approuué
par fon taifible côfentement, l'Euefque de Chartres luy prefenta le ferment du Royaume, qu'il
prefta la main , mife fur le texte de l'Euangile,
& le baifant.

Forme dudit Serment.

IE promets, au nom de Iefus-Chrift ces chofes aux
Chreftiens à moy fubiects. Premierement, ie mettray

peine que le peuple Chreſtien viue paiſiblement auec l'Egliſe de Dieu. Outre, ie taſcheray faire, qu'en toutes vocations ceſſent rapines & toutes iniquitez. Outre, ie commanderay qu'en tous iugemens l'equité & miſericorde ayent lieu, à celle-fin que Dieu, clement & miſericordieux face miſericorde à moy & à vous. Outre, ie taſcheray à mon pouuoir en bonne foy, de chaſſer de ma iuriſdiction & terres de ma ſubiection tous heretiques denoncez par l'Egliſe, promettant par ſerment de garder tout ce qu'a eſté dict.

La demande cy deſſus ſe faict, non que le peuple ait aucun droict de donner le Royaume par ſon élection, ayant touſiours eſté tenu hereditaire : mais ceſte acceptation ſe prend pour declaration de la ſubmiſſion qu'il fait à ſon Prince ſouuerain, deſigné & predeſtiné de Dieu, en la main duquel ſont tous diademes pour en diſpoſer à volonté.

CE ſerment ne s'inſinuë point : Il a iecté les premiers fondements de la Monarchie Françoiſe, a affermy les Loix de l'Eſtat du Royaume, & les a rendu immuables. *Du Tillet au recueil des Sacre & Coronement.*

Le Roy Louys vnzieſme l'enuoya à ſon Parlement de Paris en Auril 1482. l'exhortant de faire bonne Iuſtice, & de l'acquitter de ſon ſerment.

L'acte en fut ſigné par ſa Majeſté, & ſoubzſigné par le Sieur de Beaulieu, Ruzé, l'vn des Secretaires de ſes commandemens, & Conſeiller en ſon Conſeil d'Eſtat.

Il fut depuis liuré à l'Eueſque de Chartres,

pour mettre en perpetuelle memoire au threfor
des Chartres de l'Euefché, qui en fit faire plu-
fieurs copies collationnées à l'original, dont il en
bailla vne à Maiftre Anthoine Muffart, Chapel-
lain de faincte Catherine en ladicte Eglife, & No-
taire du Chapitre d'icelle, pour faire mettre au
threfor dudict Chapitre, & vne autre à M. Martin
Frefnot, Procureur fifcal dudict Euefque, & au
fiege Prefidial, afin de faire le pareil à l'Hoftel
commun de ladicte ville.

Habits & ornemens Royaux pofez fur l'Autel pour le Sacre.

COmme les Princes, Magiftrats & perfonnes
publiques, exerçans leurs charges & eftats,
vfent de certains habits differents des autres,
pour fe rendre plus auguftes & venerables au
peuple; ainfi furent mis fur le grand Autel ceux
defquels le Roy fe deuoit parer en fon Sacre,
auec la Corone Imperiale clofe, la moyenne, le
Sceptre Royal, la main de Iuftice, le manteau
Royal, la camifole, les fandales, les efperons, l'efpee, la tunique, la dalmatique, & tous les autres
ornements Royaux que le Roy a faict refaire,
au lieu de ceux qui auoient efté religieufement
gardez dés le temps du Roy Clouis au Threfor
de l'Abbaye de S. Denis en France, à l'vfage du

Sacre de ſes tres-Chreſtiẽs anceſtres,&depuis les
preſens troubles honteuſement briſez, fondus,
butinez,partagez & diſſipez, par la rage & aua-
rice de ceux qui s'eſtoient reuoltez de l'obeïſſance de leur naturel & ſouuerain Prince,pour aſſer
uir à leur particulier la ruine publique de cet
Eſtat,& cueillir le bris de ſon naufrage,ſoubs ſi-
mulé pretexte de religion.

Le Roy eſtant mené deuant ledit Autel par
leſdits Eueſques de Nantes & de Maillezais,fut
deueſtu de ſa petite robe de toille d'argent à mã-
ches par ledit Sieur de Bellegarde, premier Gentil-homme de ſa chambre,& eſtant en ſa camiſo-
le de ſatin,ledit Eueſque de Chartres dict ſur luy
ceſte Oraiſon.   *Oremus*

Eus inenarrabilis, auctor mundi,conditor generis
humani ,gubernator Imperÿ , confirmator regni,
qui ex vtero fidelis amici tui Patriarchæ noſtri Abra-
hæ præelegiſti regem ſeculi profuturum: tu præſentem
Regem hunc Henricum cum exercitu ſuo per interceſ-
ſionem omnium ſanctorum vberi benedictione † lo-
cupleta ,& in ſolium regni firma ſtabilitate connecte,
viſita eum ſicut Moyſem in rubo,Ieſum Naue in prælio,
Gedeon in agro,Samuelem in templo,& illa bene-
dictione † ſiderea ac ſapientiæ tuæ rore perfunde,quam
beatus Dauid in Pſalterio,Salomon filius eius te remu-
nerante percepit è cœlo. Sit ei contra acies inimicorum
lorica,in aduerſis galea ,in proſperis patientia,in pro-
tectione clipeus ſempiternus. Et præſta vt gentes illius
teneant

teneant fidem, proceres sui habeant pacem, diligant cha-
ritatem, abstineant se à cupiditate, loquantur iustitiam
custodiant veritatem. Et ita populus iste pullulet coali-
tus bene † dictione æternitatis, vt semper maneant tri-
pudiātes in pace victores. Quod ipse præstare dignetur,
qui tecum & cum spiritu sancto sine fine permanet in
secula seculorum. Amen.

Bottines mises au Roy auec ses esperons.

LA susdite oraison finie, monsieur de Longueuille, grand Chambellan, chauffa au Roy ses
sandales & bottines : & Monsieur le Prince de
Conty (tenant le lieu du Duc de Bourgongne,
Doyen des Pairs laiz) luy mist les esperons, &
incontinent les luy osta.

Benediction sur l'espée estant dedans le fourreau.

Oremus.

EXaudi quæsumus Domine preces nostras & hunc
gladium, quo famulus tuus Henricus se accingi de-
siderat, maiestatis tuæ dextera benediceret dignare, quā-
to defensio atque protectio possit esse ecclesiarum, vi-
duarum, orphanorum, omniumque Deo seruientium contra sæuitiam paganorum aliisque insidiantibus sit potior,
terror & formido. Per Christum, &c.

Espée ceinte au Roy.

APres ceste oraison l'Euesque de Chartres luy ceignit l'espée, & incontinent la luy deceignit, tira du fourreau, baisa, & mit en sa main, pour marque de la puissance que Dieu (Roy des Roys & souuerain seigneur de tous seigneurs, luy a donné sur ses subjects, à la loüange des bons, & punition exemplaire des mauuais.

Il la receut en toute humilité, & tint droite la pointe esleuée en haut, iusqu'à la fin de l'oraison & antiphone suiuants.

Oraison.

ACcipe hunc gladium tuum Dei benedictione † tibi collatum, in quo per virtutem spiritussācti resistere & eijcere omnes inimicos tuos valeas, & cunctos sanctæ ecclesiæ aduersarios, regnumque tibi commissum tutari, atque protegere castra Dei per auxilium inuictissimi triumphatoris domini nostri Iesu Christi. Accipe inquam, hunc gladium per manus nostras vice & authoritate sanctorum Apostolorum consecratas tibi regaliter impositum, nostræque benedictionis † officio in defensionem sanctæ Dei ecclesiæ ordinatum diuinitus. Esto memor de quo Psalmista prophetauit, dicens, Accingere gladio tuo super femur tuum potentissime, vt in hoc per eundem vim æquitatis exerceas, molam iniquitatis potenter destruas, & sanctam Dei ecclesiam eiusque fideles propugnes ac protegas, nec minùs sub fide falsos, quàm Christiani nominis hostes execrêris ac destruas, viduas, & pupillos clementer adiuues ac defendas, desolata restaures, restaurata conserues, vlciscaris iniusta, confirmes bene disposita, quatenus hæc in agendo virtutum triumpho gloriosus iusticiæque cultor egregius cum mundi saluatore cuius typum geris in nomine sine fine mercaris regnare. Qui cum Deo patre & spiritu sancto viuit & regnat Deus per omnia secula seculorum. Amen.

Antiphone.

Confortare & esto vir, & obserua custodias domini Dei tui, vt ambules in viis eius, & custodias cærimonias eius & præcepta eius, & testimonia, & iudicia, & quocunque te verteris confirmet te Deus.

Autre oraison dite par l'Euesque de Chartres apres ladite Antiphone.

Oremus.

Deus qui prouidentiâ tuâ cœlestia simul & terrena moderaris, propiciare christianißimo regi nostro, vt omnis hostium suorum fortitudo virtute gladij spiritualis frangatur, ac te pro illo pugnante penitus conteratur. Per dominum nostrum Iesum Christum filium tuum qui tecum, &c.

Espée offerte par le Roy à l'Autel.

LE Roy apres ladite oraison baisa l'espée & l'offrit à l'Autel, pour tesmoignage de son zele & affection en la deffence de l'Eglise, à l'exemple de ses ancestres, par l'appuy desquels ell'a tousiours esté conseruée en son entier és terres de leur obeïssance.

L'Euesque de Chartres la luy rendit & remit en ses mains, & l'ayant sa Majesté reueremment receuë à genoux, à l'instant la bailla audict sieur de Matignon, representant monsieur le Connestable, qui la porta deuant elle en tous les actes du Sacre, afin que le peuple le recongneust pour Prince souuerain.

Ledict Euesque continua les oraisons suiuantes, à ce qu'il pleust à Dieu impartir ses sainctes benedictions au Roy, en la maniere y exprimée.

Oremus.

PRospice omnipotens Deus serenis obtutibus hunc gloriosum regem Henricum, & sicut benedixisti Abraham, Isaac, & Iacob, sic illum largis benedictionibus spiritualis gratiæ cum omni plenitudine tuæ potentiæ irrigare atque perfundere dignare. Tribue ei de rore cœli & de pinguedine terræ abundantiam frumenti vini & olei & omnium frugum apulentiam ex largitate diuini muneris longa per tempora, vt illo regnante sit sanitas corporis in patria, & pax inuiolata sit in regno, & dignitas gloriosa regalis maximo splendore regiæ potestatis, oculis omnium fulgeat, luce clarißima coruscante, atque spledere quasi splendidißima fulgura maximo perfusa lumine videatur. Tribue ei omnipotes Deus, vt sit fortißimus protector patriæ, & consolator ecclesiarum atque cœnobiorum sanctorum, maxima cum pietate regalis munificientiæ, atque vt sit fortißimus regum, triumphator hostium, ad opprimendos rebelles & paganorum nationes. Sitque suis inimicis satis terribilis præ maxima fortitudine regalis potentiæ, optimatibus quoque atque præcelsis proceribus ac fidelibus sui regni sit munificus & amabilis, & pius, vt ab omnibus timeatur atque diligatur, reges quoque de lumbis eius per succeßiones temporum futurorum egrediantur, regnum hoc regere totum, & post gloriosa tempora atque fœlicia, præsentis vitæ, gaudia sempiterna in perpetua beatitudine habere mereatur. Quod ipse præstare digneris qui cum vnigenito filio tuo domino nostro Iesu Christo & spiritu sancto viuis & regnas Deus per omnia secula seculorum. Amen.

Autre benediction.

BEnedict Domine quæsumus hunc principem nostrum quem ad salutem populi nobis à te credimus esse concessum, fac eum esse annis multiplicem, ingenti atque salubri corporis robore vigentë, & ad senectutem optatam atque demum ad finem peruenire fœlicem. Sit nobis fiducia eum obtinere gratiam populo, quam Aaron in ta-

bernaculo, *Heliseus in fluuio*, *Ezechias in lectulo*, *Za-
charias vetulus impetrauit in templo*. *Sit illi regendi vir-
tus atque authoritas*, *qualem Iosue suscepit in castris*,
Gedeon sumpsit in præliis, *Petrus accepit in claue*, *Pau-
lus est vsus in dogmate*. *Et ita pastorum cura tuum
proficiat in ouile, sicut Isaac profecit in fruge*, & *Iacob
ditatus est in grege*. *Quod ipse præstare, vt supra*.

Oremus.

D*Eus pater æternæ gloriæ sit adiutor tuus* & *protector*, & *omnipotens benedicat ✠ tibi, preces tuas
in cunctis exaudiat*, & *vitam tuam longitudine dierum
adimpleat. Thronum regni tui iugiter firmet*, & *gentem
populumque tuum in æternum conseruet*, & *inimicos
tuos confusione induat*, & *super te sancti ✠ ficatio Christi floreat, vt qui tibi tribuit in terris imperium, ipse in
cælis conferat præmium, qui viuit* & *regnat trinus* &
vnus per omnia secula seculorum. Amen.

---

*Mixtion du sainct Chresme, & celeste li-
queur de la saincte Ampoule pour
l'Onction du Roy.*

L*Es susdictes oraisons finies, l'Euesque de
Chartres retourna à l'Autel, pour y faire ladicte mixtion ainsi qu'il ensuit.

Il tira de ladicte Ampoule par vne eguille d'or
vn peu de ladicte liqueur, qu'il mesla du doigt sur

vne aciette d'argent doré, auec le sainct Chresme
preparé à ceste fin.

Pendant la preparation de ladicte Onction,
le chantre de ladicte Eglise commença l'Antiphone ensuiuant, qui fut suiuy par la chappelle
du Roy.

Antiphone.

*SVper gentem Francorum inclitam, suumque Regem
nobilem Christus exultationis oleo præ participibus à
patre vnctus sancti spiritus benedictionem infundat.*
Verset.
Emitte spiritum tuum & creabuntur.
Respons.
Et renouabis faciem terræ.

Oraison dicte par l'Euesque de Chartres.

Oremus.

*DEus à quo omnis est potestas, concede huic famulo
tuo qui hodie sacram vnctionem & Regni Gallo-
rum insignia suscepturus est, vt ita in omnibus suis acti-
bus se gerat, quatenus non ad suam, sed ad totius sibi sub-
diti populi vtilitatem regnare videatur, intercedente
gloriosa virgine Maria & beato Martino pontifice tuo
cum omnibus sanctis. Per Christum, &c.*

Ouuerture des vestemens du Roy, pour receuoir ladicte Onction.

LAdicte Onction preparée, les attaches de ses vestements furent defermez & ostez deuant & derriere, par lesdicts Euesques de Chartres, Nantes, & Maillezais.

Letanie.

PArce que la dignité Royale est la plus excellente de toutes autres, estant accompagnée de Majesté, qui a quelque chose de sainct, venerable & plus que de l'humain ; l'on implore la misericorde de Dieu, & suffrages des Saincts, afin d'obtenir par deuotes prieres, que le Roy la puisse dignement soustenir, & deuëment faire la charge d'vne si haulte function.

Il se prosterna à genoux & coucha de son long à terre, ensemble ledict Euesque de Chartres à son costé dextre, & lors lesdicts Euesques de Nantes & Maillezais commencerent à haute voix la Letanie ainsi qu'il ensuit.

	Ep.
KYrie eleison.	*Kyrie eleison.*
Chorus.	Ch.
Kyrie eleison.	*Kyrie eleison.*
Episcopi.	Ep.
Christe eleison.	*Kyrie eleison.*
Ch.	Ch.
Christe eleison	*Kyrie eleison.*

Ep.
Christe audi nos.
Ch.
Christe audi nos.
Ep.
Sancta Maria.
Ch.
Ora pro nobis.
Ep.
Sancte Michael.
Ch.
Ora pro nobis.
Ep.
Sancte Gabriel.
Ch.
Ora pro nobis.
Ep.
Sancte Raphael.
Ch.
Ora pro nobis.
Ep.
Sancte Chorus Angelorum.
Ch.
Ora pro nobis.
Ep.
Sancte Ioannes Baptista.
Ch.
Ora pro nobis.
Ep.
Sancte Petre.
Ch.
Ora pro nobis.
Ep.
Sancte Paule.

Ch.
Ora pro nobis.
Ep.
Sancte Andrea.
Ch.
Ora pro nobis.
Ep.
Sancte Iacobe.
Ch.
Ora pro nobis.
Ep.
Sancte Bartholomæe.
Ch.
Ora pro nobis.
Ep.
Sancte Mathæe.
Ch.
Ora pro nobis.
Ep.
Sancte Simon.
Ch.
Ora pro nobis.
Ep.
Sancte Thadæe.
Ch.
Ora pro nobis.
Ep.
Sancte Mathia.
Ch.
Ora pro nobis.
Ep.
Sancte Barnaba.
Ch.

Ep.

Sancte Chorus Apostolorum.

Ch.

Ora pro nobis.

Ep.

Sancte Stephane.

Ch.

Ora pro nobis.

Ep.

Sancte Clemens.

Ch.

Ora pro nobis.

Ep.

Sancte Calixte.

Ch.

Ora pro nobis.

Ep.

Sancte Marcelle.

Ch.

Ora pro nobis.

Ep.

Sancte Nicasi cum sociis tuis.

Ch.

Ora pro nobis.

Ep.

Sancte Laurenti.

Ch.

Ora pro nobis.

Ep.

Sancte Dionysi cum sociis tuis.

Ch.

Ora pro nobis.

Ep.

Sancte Maurici cum sociis

tuis.   **Ch.**

Ora pro nobis.

Ep.

Sancte Gervasi.

Ch.

Ora pro nobis.

Ep.

Sancte Prothasi.

Ch.

Ora pro nobis.

Ep.

Sancte Timothee.

Ch.

Ora pro nobis.

Ep.

Sancte Apolinaris.

Ch.

Ora pro nobis.

Ep.

Sancte Chorus Martyrum.

Ch.

Ora pro nobis.

Ep.

Sancte Siluester.

Ch.

Ora pro nobis.

Ep.

Sancte Remigi.

Ch.

Ora pro nobis.

Ep.

Sancte Augustine.

Ch.

Ora pro nobis.

Ep.
Sancte Hieronime.
Ch.
Ora pro nobis.
Ep.
Sancte Ambrosi.
Ch.
Ora pro nobis.
Ep.
Sancte Gregori.
Ch.
Ora pro nobis.
Ep.
Sancte Sixte.
Ch.
Ora pro nobis.
Ep.
Sancte Funci.
Ch.
Ora pro nobis.
Ep.
Sancte Rigoberte.
Ch.
Ora pro nobis.
Ep.
Sancte Martine.
Ch.
Ora pro nobis.
Ep.
Sancte Maurilli.
Ch.
Ora pro nobis.
Ep.
Sancte Nicolae.

Ch.
Ora pro nobis.
Ep.
Sancte Chorus Confessorum.
Ch.
Ora pro nobis.
Ep.
Sancta Maria Magdalena.
Ch.
Ora pro nobis.
Ep.
Sancta Maria Egyptiaca.
Ch.
Ora pro nobis.
Ep.
Sancta Fœlicitas.
Ch.
Ora pro nobis.
Ep.
Sancta Perpetua.
Ch.
Ora pro nobis.
Ep.
Sancta Agata.
Ch.
Ora pro nobis.
Ep.
Sancta Agnes.
Ch.
Ora pro nobis.
Ep.
Sancta Cecilia.
Ch.

Ep.

Sancta Eutropia.

Ch.

Ora pro nobis.

Ep.

Sancta Genouefa.

Ch.

Ora pro nobis.

Ep.

Sancta Columba.

Ch.

Ora pro nobis.

Ep.

Sancta Scolastica.

Ch.

Ora pro nobis.

Ep.

Sancta Petronilla.

Ch.

Ora pro nobis.

Ep.

Sancta Catharina.

Ch.

Ora pro nobis.

Ep.

Sancte Chorus virginum.

Ch.

Ora pro nobis.

Ep.

Omnes sancti.

Ch.

Orate pro nobis.

Ep.

Ch.

Parce nobis Domine.

Ep.

Propitius efto.

Ch.

Parce nobis Domine.

Ep.

Ab infidiis diaboli.

Ch.

Libera nos Domine.

Ep.

A damnatione perpetua.

Ch.

Libera nos Domine.

Ep.

Per misterium sancta incarnationis tua.   Ch.

Libera nos Domine.

Ep.

Per paßionem & crucem tuam.   Ch.

Libera nos Domine.

Ep.

Per gratiam sancti spiritus paracleti.   Ch.

Libera nos Domine.

Ep.

In die Iudicij.

Ch.

Libera nos Domine.

Ep.

Peccatores.

Ch.

Te rogamus audi nos.

Ep.

Vt pacem nobis dones.

Ch.

Te rogamus audi nos.

Ep.

Vt misericordia & pietas tua
nos custodiat.   Ch.

Te rogamus audi nos.

Ep.

Vt gratiam ~spiritus sancti
cordibus nostris clementer
in funda digneris.

Ch.

Te rogamus audi nos.

Ep.

Vt Ecclesiam tuam regere &
defensare digneris.

Ch.

Te rogamus audi nos.

Ep.

Vt obsequium seruitutis nostræ rationabile facias.

Ch.

Te rogamus audi nos.

Lors ledict Euesque de Chartres se sousleua, & ayant
sa croce en la main, dict les versets suiuants, & fit sur
le Roy à trois diuerses fois ceste benediction.

Episcopus Carñ.

Vt hunc præsentem famulum
tuum Henricum in Regem
coronandum bene † dicere
digneris.   Ch.

Te rogamus audi nos.

Ep. Car.

Vt hunc præsentem famulum
tuum Henricum in Regem
coronandum bene † dicere
& sublimare digneris.

Ch.

Te rogamus audi nos.

Ep. Car.

Vt hunc præsentem famulum
tuum Henricum in Regem
coronandum bene † dicere
sublimare & consecrare
digneris.

Ch.

Te rogamus audi nos.

Ce faict, ledict Euesque retourna vers le Roy, à costé
auquel derechef il se prosterna, & fut le surplus de la
Letanie poursuiuy par lesdicts Euesques de Nantes &
de Maillezais, ainsi que s'ensuit.

Episcopus.

Vt regibus & principibus
Christianis pacem & con-
cordiam donare digneris.

Ch.

Te rogamus audi nos.

Ep.

Vt cunctum populum Chri-
stianum precioso sanguine
redemptum conseruare di-
gneris. **Ch.**

Te rogamus audi nos.

Ep.

Vt cunctis fidelibus defunctis
requiem æternam donare
digneris.

Ch.

Te rogamus audi nos.

Ep.

Vt nos exaudire digneris.

Ch.

Te rogamus audi nos.

Ep.

Fili Dei.

Ch.

Te rogamus audi nos.

Ep.

Agnus Dei qui tollis peccata
mundi.

Ch.

Parce nobis domine.

Ep.

Agnus Dei qui tollis peccata
mundi.

Ch.

Exaudi nos domine.

Ep.

Agnus Dei qui tollis peccata
mundi.

Ch.

Miserere nobis.

Ep.

Christe audi nos.

Ch.

Christe audi nos.

Ep.

Kyrie eleison.

Ch.

Christe eleison.

Ep.

Kyrie eleison.

La Letanie finie, l'Euesque de Chartres se dressa de
bout pour dire sur le Roy (demeuré encor prosterné) les
Suffrages & Oraisons suiuantes.

Pater noster qui es in cælis,
&c. Et ne nos inducas in
tentationem.

Ch.

Sed libera nos à malo.

Espiscopus.

Saluum fac seruum tuum.

Ch.

Deus meus sperantem in te.

Ep.

Esto ei domine turris fortitudinis. Ch.

A Facie inimici.

Ep.

Nihil proficiat inimicus in eo.
Ch.

Et filius iniquitatis non ap-

ponat nocere ei.

Ep.

Domine exaudi orationem
meam.

Ch.

Et clamor meus ad te veniat.

Ep.

Dominus vobiscum.

Ch.

Et cum spiritu tuo.

Episcopus.

Oremus.

PRætende quæsumus domine huic famulo tuo Henrico dexteram cœlestis auxilij, vt te toto corde requi-
rat, & quæ dignè postulat assequi mereatur. Per Dominum, &c.

Autre oraison.

ACtiones nostras quæsumus domine aspirando præ-
ueni, & adiuuando prosequere, vt cuncta nostra
operatio & oratio à te semper incipiat & per te cœpta
finiatur. Per Dominum, &c.

Ce qui fut faict apres lesdits suffrages
& oraisons.

L'Euesque de Chartres s'assit comme à la consecration d'vn Euesque, & auant que oindre

le Roy, pria sur luy en ceste maniere.

Te innocamus sancte pater omnipotens æterne Deus,
Vt hunc famulum tuum Henricum, quem tuæ diuinæ
dispensationis prouidentia in primordiō plasmatum, vs-
que in hunc præsentem diem Iuuenili flore lætātem cres-
cere conceßisti, eum tuæ pietatis dono ditatum plenum-
que gratia veritatis de die in die coram Deo & homi-
nibus ad meliora semper proficere facias, vt summi re-
giminis solium gratiæ supernæ largitate gaudens susci-
piat, & misericordiæ tuæ muro ab hostium aduersitate
vndique munitus plebem sibi commissam propitia-
tionis & virtute victoræ fœliciter regere mereatur.
Per dominum, &c.

Oremus.

Deus qui populis tuis virtute consulis & amore do-
minaris, da huic famulo tuo Henrico spiritum sa-
pientiæ tuæ cum regimine disciplinæ, vt tibi toto corde
deuotus in regni regimine semper maneat idoneus, tuo-
que munere ipsius temporibus ecclesiæ securitas diri-
gatur in trāquillitate, deuotio ecclesiastica permaneat
vt in omnibus operibus perseuerans ad æternum re-
gnum te duce valeat peruenire. Per Christum domi-
num, &c.

Oremus.

IN diebus eius oriatur omnibus æquitas & iustitia,
amicis adiutorium, inimicis obstaculum, humilibus
solatium, elatis correctio, diuitibus doctrina, pauperibus
pie-

peregrinis pacificatio, propriis in patria pax & securitas, vnum quemque secundum suam mensuram moderate gubernans, seipsum sedulus regere discat, vt tua irrigatus compunctione toti populo tibi placita præbere vitæ possit exempla, & per viam veritatis cum grege gradiens sibi subdito opes frugales abundanter acquirat, simulque ad salutem corporum non solium, sed etiâ cordium à te concessorum cuncta accipiat. Sicque in te cogitatum animi consiliumque omne componens, plebis gubernacula cum pace simul & sapientia semper inuenire videatur, teque auxiliante præsentis vitæ prosperitatem & prolixitatem percipiat, vt per tempora bona vsque ad summam senectutem perueniat, huiusque fragilitatis finem perfectum ab omnibus vitiorum vinculis tuæ largitate pietatis liberatus, & infinitæ prosperitatis præmia perpetua, Angelorumque æterna commercia consequatur. Per Dominum, &c.

Consecration du Roy.

ENsuit la consecration, à ce qu'aprés telle exterieure ceremonie, le peuple ne peust ignorer l'auctorité & puissance, luy estant attribuée de Dieu, duquel il represéte l'image en terre, & qu'il fuye (comme peste & vsurpateurs de l'Estat) ceux qui n'ont ceste marque publique.

D

Oremus.

Omnipotens sempiterne Deus gubernator cœli &
terræ, conditor & dispositor Angelorum & hominum, Rex regum, & Dominus dominorum, qui Abraham fidelem famulum tuum de hostibus triumphare fecisti Moysi & Iosue populo tuo prælatus multiplicem
victoriam tribuisti, humilem quoque puerum Dauid regni fastigio sublimasti, eumq; de ore Leonis & de manu
bestiæ atque Golia, sed & de gladio maligno Saül, &
omnium inimicorum eius liberasti, & Salomonem sa-
pientiæ pacisq; ineffabili munere ditasti: respice propitius
ad preces nostræ humilitatis, & super hunc famulum
tuum Henricum quem supplici deuotione in huius regni
Regem pariter eligimus bene † dictionum tuarum dona
multiplica, eumque dexteræ tuæ potentia semper vbique
circunda quatenus prædicti Abrahæ fidelitate firmatus,
Moysis mansuetudine fretus, Iosue fortitudine munitus
Dauid humilitate exaltatus, Salomonis sapientia deco-
ratus, tibi in omnibus complaceat, & per tramitem iustitiæ in offenso gressu semper incedat, & totius regni
ecclesiam deinceps cum plebibus sibi annexis ita enu-
triat, doceat, muniat, & instruat, contraque omnes visi-
biles & inuisibiles hostes idem potenter regaliterque tuæ
virtutis regimen administret vt regale solium videlicet
Saxonum, Merciorum, Nordan, Cimbrorum sceptra non
deserat, sed ad pristinæ fidei pacisque concordiam eorum
animos te opitulante reformet, vt vtrorumque horum
populorum debita subjectione fultus, condigno amore
glorificatus per longum vitæ spatium paternæ apicem

gloriæ tua miseratione ꝟnatim stabilire & gubernare
mereatur, tuæ quoque protectionis galea munitus & scu-
to insuperabili iugiter protectus, armisque cœlestibus
circundatus optabilis victoriæ triumphum de hostibus
fœliciter capiat, terroremque suæ potentiæ infidelibus in-
serat, & pacem tibi militantibus lætanter reportet, vir-
tutibus necnon quibus præfatos tuos decorasti multiplici honoris bene ✝ dictione condecora, & in regimine regni sublimiter colloca, & oleo spiritus sancti gratia perunge. Per Dominum nostrum qui virtute crucis tartara
destruxit, regnoque diaboli superato ad cœlos victor as-
cendit, in quo potestas omnis regnumque consistit & victoria, qui est gloria humilium & vita salusque populorum. Qui tecum viuit, &c.

Parties esquelles le Roy fut oinct.

APres la susdite oraison, l'Euesque de Chartres
tenant en main l'assiette sur laquelle estoit ladite sacrée Onction, commença du poulce droict
à oindre & sacrer le Roy en sept parties.

Premierement au sommet de sa teste.

Secondement sur l'estomach, apres que sa camisole & chemise luy furent aualées.

Tiercement entre les deux espaules.

Quartement en l'espaule droite.

Cinquiesmement en l'espaule senestre.

Sixiesmement au ply & ioincture du bras
dextre.

Septiefmement en celle du bras gauche.

Les Roys fouloient au temps du vieil teftamét eftre oingts de fainct Huile, comme furent Saül, Dauid, Afachel, & Iehu.   1. *Reg*. 10. *&* 16.

Par cefte externe onction leur eftoit infufe inuifiblement la grace du S. Efprit, pour la douce conduite de leurs Eftats.   3. *Reg*. 14.

En cefte maniere il fut donné à Saül, qui à l'inftant luy changea le cœur autremét qu'il n'auoit eu auparauant; & de luy s'adreffa puis apres à Dauid, pour l'exalter fur tous autres princes. *Pfal*. 88.

A prefent ils font oingts en l'efpaule & au bras dextre, afin de defigner leur principauté prefigurée en l'efpaule, induftrieufement referuée à Saül, au feftin à luy preparé par Samuel : mais les Roys de France ont feuls ce fpecieux Priuilege d'eftre oingts de liqueur celefte, non feulement en l'efpaule, ains és fufdites parties, à ce qu'ils fe recognoiffent eftre conftituez de Dieu, pour deffendre la Foy & religion Catholique, bien gouuerner leurs fubjects, les garder d'oppreffion, maintenir l'authorité des loix publiques, conferuer les innocens, venger & punir l'audace des mefchans. C. 1. §. *vnde de Sacra vnctione*. *Efa*. 4. 1. *Reg*. 4.

Tant Dieu leur a fait de demonftrations de fes graces & faueurs, foit en la celefte liqueur enuoyee pour le Sacre de Clouis premier Roy, fpirituellement regeneré en la France, octroy des fleurs de Lys pour fes armoiries fi celebrées en la

saincte Escriture, preséance auant tous Monar-
ques, miraculeuse guarison des escrouelles, con-
seruation de leur Estat par longue durée & suitte
d'années, & diuerses autres prerogatiues & preé-
minences, qu'il semble les auoir voulu esleuer en
gloire & honneur par dessus leurs semblables.
Cant. 2. *& 6. Ose.*14.

Forme en laquelle se conçoit ladite confecration.

EN chacune desdites onctions est dict, auec le
signe de la Croix, *Vngo te in regem de oleo sancti-
ficato in nomine Patris + & Filij + & Spiritus + sancti.*

Response des assistans.

ILs respondirent *Amen* : c'est à dire, *Ainsi soit-il* :
pour monstrer qu'ils y prestent consentemét.
   C'est la voix commune du peuple, és prieres
qui se font en l'Eglise, afin d'exprimer son desir &
affection.

Durant lesdites Onctions la chappelle du Roy
chanta ceste Antiphone.
   *Vnxerunt Salomonem Sadoch Sacerdos, & Nathan
Propheta Regem in Gyon, & accendentes læti dixerunt,
Viuat Rex in æternum.*   3. *Reg.*I.
   Apres ladite Antiphone, l'Euesque de Char-
tres fit ceste priere.

Oremus.

CHrifte perunge hunc regem, in regimen vnde vn
xifti Sacerdotes, reges & Prophetas & Martyres
qui per fidem vicerunt regna, operati funt iuftitiam, at
que adepti funt repromiffiones. Tua Sacratifma vn&ti
fuper caput eius defluat, atque ad interiora defcendat, &
cordis illius intima penetret, & promiffionibus quas a
depti funt victoriofiffimi reges gratia tua dignus effici
tur, quatinus & in præfenti feculo fœliciter regnet, &
ad eorum confortium in cœlefti regno perueniat. Per do
minum noftrum Iefum Chriftum Filium tuum, qui vn
&tus eft oleo lætitiæ præ côfortibus fuis, & virtute cruc
poteftates aëreas debellauit, tartara deftruxit, regnum
que diaboli fuperauit, & ad cœlos victor afcendit, in cu
ius manu victoria omnis gloria & poteftas confiftunt
& tecum viuit & regnat in vnitate fpiritufsacti Deu
per omnia fecula feculorum. Amen.

Autre Oraifon.

DEus electorum fortitudo, & humilium celfitude
qui in primordio per effufionem diluuij mundi cri
mina caftigare voluifti, & per columbam ramum oliu
portantem pacem terris redditam demonftrafti iterum
que Sacerdotem Aaron famulum tuum per vnctione
olei Sacerdotem fanxifti, & præterea per huius vngu
ti infufionem ad regendum populum Ifraëliticum Sacer
dotes, Reges, ac Prophetas, perfecifti, vultumque Ecclefi

*stæ in oleo exhilarandum per propheticam famuli tui
vocem Dauid esse prædixisti, ita quæsumus omnipotens
Deus pater, vt per huius creaturæ pinguedinem hunc
seruum tuum sanctificare tua bene † dictione digneris,
eumque in similitudine, columbæ pacem simplicitatis
populo sibi commisso præstare, & exempla Aaron in
Dei seruitio diligenter imitari, regnique fastigia in con-
ciliis scientiæ & æquitate iudicij semper assequi, vultumque hilaritatis per hanc olei vnctionem tuamque
benedictionem † te adiuuante toti plebi paratum habere
facias. Per Dominum nostrum.*

Autre Oraison.

*DEus Dei Filius Dominus noster Iesus Christus, qui
à patre oleo exultationis vnctus est præ participibus suis, ipse per præsentem sacri vnguenti infusionem
Spiritus paracliti super caput tuum infundat bene ✠
dictionem eandemque vsque ad interiora cordis tui pe-
netrare faciat, quatenus hoc visibili & tractabili dono
inuisibilia percipere, & temporali regno iustis modera-
minibus executo, æternaliter cum eo regnare merearis,
qui solus sine peccato Rex regum viuit & gloriatur
cum Deo patre in vnitate eiusdem Spiritussancti Deus
per omnia secula seculorum. Amen.*

Closture des ouuertures des veste-
mens du Roy.

LEsdites oraisons acheuees, l'Euesque de Chartres auec ceux de Nantes & Maillezais, ferma
les fentes de la chemise, camisole & vestemens du
Roy, à cause de ladite Onction.

Lors mondit sieur de Longueuille, grand
Chambellan de France, vestit le Roy des dalma-
tiques, à ce preparees, & le manteau Royal pardessus, en façon que la main dextre estoit à deli-
ure vers l'ouuerture du manteau, & esseué sur la
main senestre, ainsi que la chasuble d'vn Prestre.

Onction des mains.

OVtre l'onction faicte és susdites parties, le
Roy fut oinct dudit huile és paulmes de ses
deux mains par l'Euesque de Chartres, disant
ceste oraison:

*DEus qui es iustorum gloria & misericordia pecca-
torum, qui misisti filium tuum precioso sanguine
suo genus humanum redimere, qui conteris bella & pu-
gnator es in te sperantium, & sub cuius arbitrio omnium regnorum continetur potestas, se humiliter depre-
camur, vt praesentem famulum tuum Henricum in tua
misericordia confidentem, in praesenti sede regali benedi-*

cas ✠ eidemque propitius adeſſe digneris, vt qui tua ex-
petit protectione defendi, omnibus hoſtibus ſit fortior,
fac eum Domine beatum eſſe & victorem de inimicis
ſuis, corona eum corona iuſtitiæ & pietatis, vt ex toto
corde & ex tota mente in te credens tibi deſeruiat, ſan-
ctam tuam Eccleſiam defendat & ſublimet, populumq;
à te ſibi commiſſum iuſtè regat, nullis inſidiantibus eum
malis in iniuſtitiam conuertat. Accède Domine cor eius
ad amorem gratiæ tuæ per hòc vnctionis oleum, vnde
vnxiſti ſacerdotes Reges & prophetas, quatenus iuſti-
tiam diligens per tramitem ſimiliter incedens iuſtitiæ,
poſt peracta à te diſpoſita in règali excellentia annorum
curricula peruenire ad gaudia æterna mereatur. Per eundem Dominum, &c.

LAdite onction des mains faicte, le Roy les
ioignit deuant ſa poictrine, & luy furent (par
l'Eueſque de Chartres)baillez gands deliez pour
la reuerēce d'icelle, à ce qu'il ne touchaſt riē à nu,

Benediction des gands.

EN les baillant, l'Eueſque de Chartres dict,
Oremus.

OMnipotens creator qui homini ad imaginem tuam
creato manus digitis diſcretionis inſignitas tanquam
organum intelligentiæ ad recte operandum quas ſeruari
mundas præcepiſti, vt in eis anima digna portaretur, &
tua in eis digne cōtrectarentur miſteria benedicere ✠ &
ſanctificare ✠ digneris hæc manuum tegumenta. vt qui-

cumque reges his cum humilitate manus suas velare
voluerint, tam cordis quàm operis mundiciam tua mi-
sericordia subministret. Per Christum, &c.

Lesdits gands furent arrosez d'eau beniste par
l'Euesque de Chartres, & mis és mains du Roy,
en disant,

Circunda Domine manus huius famuli tui Henrici
mundicia noui hominis, qui de cœlo descendit, vt
quemadmodum Iacob dilectus tuus pelliculis hedorum
opertis manibus paternam benedictionem oblate patri
cibo potuque gratissimo impetrauit, sic & iste gratiæ
tuæ benedictionem ✠ impetrare mereatur. Per eundem
Dominum nostrum Iesum Christum Filium tuum, qui
in similitudinem carnis peccati tibi obtulit semetipsum.
Amen.

Benediction de l'anneau Royal.

CE faict, l'Euesque de Chartres benit ledit anneau en ceste maniere.

Oremus.

Deus totius creaturæ principium & finis creator &
conseruator generis humani, dator gratiæ spiritualis,
largitor æternæ salutis, in quo clausa sunt omnia, tu do-
mine tuam emitte benedictionem super hunc annulum,
ipsumque benedicere ✠ & sanctificare digneris, vt qui
per eum famulo tuo honoris insigna concedis virtutum
præmia largiaris, quo discretionis habitum semper reti-
neat, & vera fidei fulgore præfulgeat, sanctæ quoque
trinitatis armatus munimine miles inexpugnabilis,

acies diaboli constanter vincat, & sibi ad veram salu-
tem mentis & corporis proficiat. Per Christum Do-
minum, &c.

Cet anneau fut, par ledit Euesque de Chartres,
inseré au quatriesme doigt de la main dextre du
Roy, en signe des espousailles d'entre luy & son
Royaume.

L'on remarque que de ceste part procede vne
veine touchant au cœur, qui ne doibt estre qu'vn
entre personnes coniointes par lien de mariage,
le plus doux, gracieux & amiable d'entre toutes
autres alliances.   *c. fœminæ.* 30. q. 5.

Comme le peuple, par expres commandement
de Dieu (autheur, amateur & protecteur de la dignité des Roys, ses oingts & sacrez, & specialemēt
commis pour representer sa majesté & souueraine
puissance en terre) leur doit toute obeissance,
subjection, respect, honneur & fidelité: Ainsi est-il
plus que requis & necessaire qu'ils s'affectiónent
& bien-veillent à leurs subjects, se ressentās de leur
bien & mesaise par la naturelle simpathie qui est
entre le chef & les membres d'vn mesme corps.

En baillant ledit anneau fut dict par ledit Euesque de Chartres ce qui ensuit.

Accipe annulum, signaculum videlicet fidei sanctæ,
soliditatem regni augmentum potentiæ, per quem
scias triumphali potentia hostes repellere, hæreses de-
struere, subditos coadunare, & catholicæ fidei perseue-
rabilitate connecti.

Oremus.

DEus cuius est omnis potestas & dignitas, da famulo tuo prosperum suæ dignitatis effectum, in qua te remunerante permaneat semperque te timeat, tibique iugiter placere contendat. Per Christum, &c.

Sceptre baillé au Roy.

EN recognoissance que le Roy (auquel hereditairement est attribué le specieux tiltre de tres-Chrestië) tient son Sceptre de la saincte prouidence de Dieu, pour si bien policer son Royaume par équitables Loix & sainctes ordonnances, que la pieté, Iustice, & toute droicture y soient en vigueur, il receut en sa main dextre le Sceptre Royal par l'Euesque de Chartres, qui luy dit (en luy baillant) ce qui ensuit.

ACcipe sceptrum regiæ potestatis insigne, virgam scilicet regni rectam, virgam virtutis qua te ipsum bene regas, sanctam Ecclesiã, populumque videlicet Christianum tibi à Deo commissum regia virtute ab improbis defendas, prauos corrigas, rectos pacifices, & vt viam rectam tenere possint, tuo iuuamine dirigas, quanto de temporali regno ad æternum regnum peruenias, ipso adiuuante, cuius regnum & imperium sine fine permanet in secula seculorum. Amen.

Oraison dicte apres que le Sceptre fut baillé au Roy.

Mnium Domine fons bonorum, cunctorum Deus institutor, profectum tribue quæsumus famulo tuo Henrico adeptam bene agere dignitatem, & à te sibi præstitum honorem dignare roborare, honorifica eum præ cunctis regibus terræ, vberi eum benedictione ✝ locupleta, & in solio regni firma stabilitate consolida, visita eum in sobole, præsta ei prolixitatem vitæ, in diebus eius super oriatur iustitia, & cum iocunditate & lætitia æterno glorietur in regno. Per Dominum nostrum Iesum Christum, &c.

Verge & main de Iustice.

Pres le Sceptre, fut mise en la main seneftre du Roy (par l'Euesque de Chartres) ladite verge, à la mesure d'vne coudee, ayant dessus vne main d'yuoire, pour luy reduire en memoire de regir & traicter ses subjects, non comme vn Monarque formidable, mais ainsi que le pere fait ses enfans en douceur & clemence, tres-auenante à tous Princes souuerains, & qui les fait de plus pres approcher de Dieu, voire les égale à son indicible bonté.

Elle est aussi tellement imbuée & emprainte en luy-mesme, qu'elle ne se pourroit deposer par contraire habitude.

En baillant ladite verge, l'Euesque dict au Roy ce qui ensuit.

ACcipe virgam virtutis atque æquitatis, qua intelligas mulcere pios & terrere reprobos errantibus viam dare, lapsisque manum porrige disperdasque superbos, & releues humiles, vt aperiat tibi ostium Iesus Christus Dominus noster, qui de seipso ait, Ego sum ostium, per me si quis introierit, saluabitur: & ipse qui est clauis Dauid, & sceptrum domus Israël, qui aperit, & nemo claudit, claudit & nemo aperit, sit tibi adiutor qui eduxit vinctum de domo carceris sedentem in tenebris & vmbra mortis, vt in omnibus sequi merearis eum, de quo Propheta Dauid cecinit: Sedes tua Deus in seculum seculi, virga æquitatis, virga regni tui. Et imiteris eum qui dicit: Diligas iustitiam, & odio habeas iniquitatem: propterea vnxit te Deus, Deus tuus oleo lætitiæ ad exemplum illius quem ante secula vnxerat præ participibus suis Iesum Christum dominum nostrum, &c.

Euocation des Pairs pour le Coronement du Roy.

APres ce que dessus, mó dit sieur le Chancelier se mit contre l'Autel, & à haute voix appella les douze Pairs, selon leurs ordres & dignitez, les laiz les premiers, & puis les clercs, ainsi qu'ensuit.

Monsieur le Prince de Conty, qui seruez pour le Duc de Bourgongne, presentez-vous à cet acte.

Monsieur le Comte de Soissons, qui seruez pour le Duc de Normandie, presentez-vous.

Monsieur le Duc de Montpensier, qui seruez pour le Duc d'Aquitaine, presentez-vous.

Monsieur le Duc de Luxembourg, qui seruez pour le Comte de Thoulouse, presentez-vous.

Monsieur le Duc de Rais, qui seruez pour le Comte de Flandres, presentez-vous.

Monsieur le Duc de Vantadour, qui seruez pour le Comte de Champagne, presentez-vous.

Monsieur l'Euesque de Nantes, qui seruez pour l'Euesque Duc de Laon, presentez-vous.

Monsieur l'Euesque de Digne, qui seruez pour l'Euesque Duc de Langres, presentez-vous.

Monsieur l'Euesque de Maillezais, qui seruez pour l'Euesque Comte de Beauuais, presentez-vous.

Monsieur l'Euesque d'Orleans, qui seruez au lieu de l'Euesque Comte de Chaalons, presentez-vous.

Monsieur l'Euesque d'Angers, qui seruez au lieu de l'Euesque Comte de Noyon., presentez-vous.

Benediction de la Corone.

LAdite conuocation ainsi faite, ledit Euesque de Chartres print sur l'Autel la grande Corone close, & la sousleua seul à deux mains sur le chef du Roy, sans le toucher, & incontinent tous lesdits Pairs y mirent les mains pour la soustenir, & lors l'Euesque de Chartres la tenant en la main senestre la benit, disant ainsi,

Coronet te Deus corona gloriæ atque iustitiæ, honore & opere fortitudinis, vt per officium nostræ benedictionis ✛ cum fide recta, & multiplici bonorum operum fructu ad coronam peruenias regni perpetui, ipso largiente, cuius regnum & imperium permanet in secula seculorum.

Coronement du Roy.

APres ladite benediction, l'Euesque de Chartres seul mit & assit la Corone sur la teste du Roy, la tenāt tousiours de la main senestre, disant,

Accipe coronam regni in nomine patris ✛ & filij ✛ & spiritus sancti ✛ vt spreto antiquo hoste, spretisque contagijs vitiorum omnium, sic iustitiam, misericordiam, & iudicium diligas: & ita iustè, misericorditer, & piè viuas, vt ab ipso domino nostro Iesu Christo in consortio sanctorum æterni regni coronam percipias. Accipe inquam, coronam quam sanctitatis gloriam & hono-

honorem, & opus fortitudinis intelligas signare : & per
hanc teparticipem ministerij nostri non ignores, ita vt
sicut nos in interioribus pastores rectoresque animarum
intelliguntur : ita tu contra omnes aduersitates Ecclesiæ
Christi defensor assistas, regnique tibi à Deo dati : & per
officium nostræ benedictionis in voce exultationis vice
Apostolorum, omniumque sanctorum regimini tuo com-
missi vtilis executor, perspicuusque regnator semper ap-
pareas, vt inter gloriosos athletas virtutum gemmis ornatus & præmio sempiternæ fœlicitatis coronatus cum
redemptore ac saluatore nostro Christo, cuius nomen vi-
cemque gestare crederis, sine fine glorieris. Qui viuit &
imperat Deus cum Deo patre in secula seculorum. Amen.

Oraison apres le Coronement.

DEus perpetuitatis, dux virtutum, cunctorum hostium victor, benedic ☩ hunc famulum tibi caput
suum inclinantem, & prolixa sanitate & prospera fœ-
licitate eum conserua, & vbicumque pro quibus tuum
auxilium inuocauerit citò adsis & protegas & defendas : tribue ei quæsumus domine diuitias gloriæ tuæ, com-
ple in bonis desiderium eius, corona eum in miseratione
& misericordia, tibique Deo pia deuotione iugiter famu-
letur. Per Christum dominum.

Benediction apres ladite Oraison.

EXtendat omnipotens Deus dexteram suæ benedictionis, ☩ & circundet te muro fœlicitatis, ac custo-

dia suæ protectionis, sanctæ Mariæ, ac beati Petri Apostolorum principis, Sancti Dionisij atque beati Martini & omnium Sanctorum intercedentibus meritis. Amen.

Indulgeat tibi dominus omnia peccata quæ geßisti, & tribuat gratiam & misericordiam quam ab eo humiliter deposcis, & liberet te ab aduersitatibus cunctis, & ab omnibus inimicorum visibilium & inuisibilium insidiis, Amen.

Angelos suos bonos qui te semper & vbique precedent comitentur & subsequantur, ad custodiam tui ponat, & te à peccato seu gladio, & ab omni periculorum discrimine sua potentia liberet. Amen.

Inimicos tuos ad pacis charitatisque benignitatem conuertat, & bonis operibus te gratiosum & amabilem faciat, pertinaces quoque in tui insectatione & odio confusione salutari induat, super te autem parsicipatio & sanctificatio ✝ sempiterna floreat. Amen.

Victoriosum atque triumphatorem de inuisibilibus atque visibilibus hostibus semper efficiat, & sancti nominis sui timorem pariter & amorem cõtinuum cordi tuo infundat : & in fine recta ac bonis operibus perseuerabilem reddat, & pace in diebus tuis concessa, cum palma victoriæ te ad perpetuum regnum perducat. Amen.

Et qui te voluit super populum suum constituere Regem, & in præsenti seculo fœlicem æternæ felicitatis tribuat esse consortem. Amen.

Quod ipse præstare dignetur, cuius regnum & imperium sine fine permanet in secula seculorum. Amen.

Autre benediction.

BEnedic ✠ Domine Regem nostrum, qui regna omnium regum a seculo moderaris. Amen. Et tali eum benedictione glorifica, vt Dauidica teneat sublimitate sceptrum salutis, & sanctifice propiciationis munere reperiatur locupletatus. Amen. Da ei aspiratione tua cum mansuetudine ita regere populum, sicut Salomonem fecisti regnum obtinere pacificum. Amen. Tibi cum timore sit subditus, tibique militet cum quiete, sit tuo clipeo protectus, cum proceribus & vbique gratia tua victor existat. Amen.

Honorifica eum præ cunctis regibus gentium, fœlix populis dominetur, & fœliciter eum nationes adorent, viuat inter gentium nationes magnanimus. Amen. Sit in iudiciis æquitatis secularis, locupletet eum tua prædiues dextera, frugiferam obtineat patriam, & eius liberis tribuas profutura, Amen. Præsta ei prolixitatem vitæ per tempora, vt in diebus eius oriatur iustitia, à te robustum teneat regiminis solium, & cum iocunditate & lætitia æterno glorietur regno. Amen.

Quod ipse præstare, &c.   Comme dessus.

Oremus.

OMnipotens Deus det tibi de rore cæli & de pinguedine terræ abundantiam frumenti, vini & olei & seruiant tibi populi, & adorent te tribus. Esto dominus fratrum tuorum : incuruentur ante te fily matris tuæ, & qui benedixerit tibi benedictionibus *repleatur : & Deus erit adiutor tuus, omnipotens bene-dicat tibi benedictionibus cœli desuper in montibus, & collibus benedictionibus abyssi.*

Iacentibus deorsum benedictionibus vberum & vuarum, pomorumque benedictiones patrum antiquorum Abraham & Isaac & Iacob confortatæ sint super te. Per Christum Dominum, &c.

Autre oraison.

BEnedic Domine fortitudinem principis, & opera manuum illius suscipe, & benedictione tua terra eius de pomis repleatur, de fructu cœlesti & rore atque abyssi subiacentis, de fructu solis & lunæ, & de vertice antiquorum montium, de pomis æternorum collium, & de frugibus terræ & plenitudine eius : benedictio illius qui apparuit in rubo venit super caput eius, & plena sit benedictio Domini in Filiis eius, & tingat in oleo pedem suum, cornua Rhinocerotis, cornua illius, in ipsis vētilabit gentes vsque ad terminos terræ, quia ascensor cœli auxiliator suus in sempiternum fiat. Per Christum dominum nostrum, &c.

Conduicte du Roy à son throsne Royal.

LE Roy estant coroné, l'Euesque de Chartres le prit par la manche du bras dextre, & en la compagnie de tous les Pairs, le conduict depuis l'Autel par le Chœur iusqu'en son siege & trosne Royal, preparé au pulpite de l'Eglise.

En allant, le Roy tenoit tousiours en ses mains le Sceptre, & verge de Iustice, auec vn port graue, & tresseant à sa Majesté.

Au deuant marchoit ledict Sieur Mareschal de Matignon, l'espée Royale nuë en la main.

Mondit Sieur le Chancellier, seul le suiuoit.

Apres alloit Monsieur le grand Maistre, à la dextre duquel estoit Monsieur le grand Chambellan, & à la senestre, Monsieur le premier gentilhomme de la chambre.

La queuë du manteau Royal estoit portée par monsieur de S. Luc.

Au bas de l'escalier à main droicte, estoit Monsieur le Comte de Mauleurier, Capitaine des Suysses de la garde, & les Heraults teste nuë, auec leurs cottes d'armes sur les deux escaliers, de marche en marche : sur le haut de l'escalier droict ledit Sieur de Rhodes : & à l'autre escalier gauche, ledit Sieur de Surenne, auec leurs bastons.

Intronization du Roy.

LE Roy estant au haut de sondict throsne, luy fut dit par l'Euesque de Chartres ce qui s'ensuit.

Sta & retine à modo statum, quem hucusque paterna vel successione tenuisti, vel hæreditario iure tibi delega-tum per authoritatem Dei omnipotētis, & per præsentem

E iij

traditionem nostram, omnium scilicet Episcoporum, cæ-
terorumque Dei seruorum: Et quanto clerum propin-
quiorem sacris altaribus prospicis, tanto ei potiorem in
locis congruentibus honorem impendere memineris, quatenus mediator Dei & hominum te mediatorem cæli &
plebis constituat.

Puis ledict Euesque le fit seoir, & le tenāt par la
main poursuiuit.

In hoc regni solio te confirmet, & in regno æterno
secum regnare faciat Iesus Christus dominus noster, Rex
regum, & dominus dominantium, qui cum Deo patre
& spiritu sancto viuit & regnat per omnia secula seculorum, Amen.

Versus.

Firmetur manus tua, & exaltetur dextera tua.

Respons.

Iustitia & Iudicium præparatio sedis tuæ.
Domine exaudi orationem meam.
Et clamor meus ad te veniat.
Dominus vobiscum.
Et cum spiritu tuo.

Oremus.

DEus qui victrices Moysi manus in oratione firma-
sti, qui quamuis ætate facisceret, insatigabili sancti-
tate pugnabat, vt dum Amalech iniquus vincitur, dum
prophanus nationum populus subiugatur exterminatis
alienigenis hæreditati tuæ possessio copiosa seruiret,
opus manuum nostrarum pia nostræ orationis exaudi-
tione confirma, habemus & nos apud te sancte pater

dominum saluatorem, qui pro nobis manus suas teten-
dit in cruce, per quem etiam precamur altissime, vt eius
potentia suffragante vniuersorum hostium frangatur
impietas, populusque tuus cessante formidine te solum ti-
mere condiscat. Per eundem.

Baiser presenté au Roy par l'Euesque Officiant, & les Pairs.

LAdite oraison finie, & le Roy seât en son trosne, l'Euesque de Chartres luy fit tres-humble reuerêce, nuë teste, & le baisa, disant à haute voix par trois fois, *Viue le Roy*, & adiousta à la derniere, *Viue eternellement.*

Lesdicts Pairs Ecclesiastiques & laiz, l'vn apres l'autre luy firent mesme reuerence, & le baiserêt auec pareille acclamation, puis s'assirent és sieges à eux preparez comme dessus, les Ecclesiastiques à la dextre du Roy, & les laiz à la senestre.

Acclamation du peuple.

LE peuple affluât de toutes parts en la nef de l'Eglise en nombre indicible, oyant l'esiouïssance desdits Pairs, & recongnoissant que son bien, aise, repos, & incolumité dependoit du salut de son Prince naturel, s'escria de mesme affection par diuerses fois, & à si haute voix, *Viue le Roy*, que ce cry môtoit iusques au Ciel, pour prier

Dieu d'adiouſter à ſes ans, iours ſur iours, de generation en generation.

Ceſte priere fut accompagnée de melodieux ſons de toutes ſortes d'inſtruments de muſique, clairons, hauts-bois, trompettes & tambours, & ſuiuie de pluſieurs harquebuſades & coups d'artillerie en ſigne d'allegreſſe.

Les Iſraëlites vſoient fort de ceſte façon és Sacres de leurs Rois, pour le reſpect, honneur, reuerence & affection qu'ils leurs portoient.

Largeſſe faicte au peuple.

Vrant ladite acclamation, fut ietté par les Heráuts, grand nombre de pluſieurs pieces d'or & d'argent, tant de la monnoye courante qu'autres, expreſſément fabriquées & marquées à l'effigie du Roy.

Cantique Te Deum.

SA Majeſté eſtát intronizée en ſon ſiege Royal, l'Eueſque de Chartres deſcendu du Pulpitre par l'eſcalier gauche, & à l'endroit de l'aigle du Chœur commença à haute voix, *Te Deum laudamus*, qui fut ſuiuy & acheué en muſique par la chapelle du Roy.

Preparation de l'Euesque de Chartres pour officier à la Messe.

PEndant que l'on chantoit ce Cantique, l'Euesque de Chartres, reuestu de sa chasuble, se presenta à l'Autel, assisté dudit Doyen de Chartres, & du Reuerendissime Abbé de saincte Geneuiefue de Paris, Frere Ioseph Foulon, ordonnez pour dire l'Epistre & l'Euangile, ensemble de six des chanoines dessus nommez, pour ministrer audict Euesque en la celebration de la Messe.

Celebration de la Messe.

LEdict Cantique acheué, fut la Messe commēcée & dite du iour qui estoit le premier Dimanche de Karesme.

Outre les ordinaires Collecte, Secrete, & praison de la postcommunion dudit iour inserées au Missel, furent adioustees celles qui ensuiuent, sçauoir à ladite collecte.

QVæsumus omnipotens Deus, vt famulus tuus Rex noster Henricus, qui tua miseratione suscepit regni gubernacula, virtutum etiam omnium percipiat incrementa, quibus decenter ornatus, & vitiorum mōstra deuitare, hostes superare, & ad te qui via, veritas & vita es gratiosus valeat peruenire. Per dominum nostrum.

DEus qui corda fidelium sancti spiritus illustratione docuisti, da famulo tuo Regi nostro Christianissimo in eodem spiritu recta sapere, & de eius semper sancta consolatione gaudere. Per dominum.

A la secrette.

MVnera quæsumus domine oblata sanctifica : vt & nobis vnigeniti tui corpus & sanguis fiat, & Henrico Regi nostro ad obtinendã animæ corporisque salutem : & ad peragendum iniũctum officium te largiente vsquequaque proficiant. Per dominum.

HÆc hostia quæsumus domine Regem nostrum Christianissimum tueatur, vt quæ te aspirante piè requirit, te largiente consequatur. Per Dominum, &c.

Et à l'oraison de la postcommunion.

HÆc Domine oratio salutaris famulum tuum Henricum Regem ab omnibus tueatur aduersis, quatenus & ecclesiasticæ pacis obtineat tranquillitatem, & post istius temporis decursum ad æternam perueniat hæreditatem. Per dominum nostrum.

PRæsta quæsumus omnipotens Deus, vt Rex noster Christianissimus qui in tua protectione confidit, cuncta sibi aduersantia te adiuuante vincat. Per dominum nostrum.

Deportement du Roy à la lecture de l'Euangile.

PArce qu'au cult diuin la disposition du corps n'est moins requise que celle de l'esprit, le Roy se soufleua, & luy fut sa Corone Royale ostée, pour y donner deuote & attentiue audience, le chef descouuert.

Les Gentils-hommes y souloient anciennement desceindre leurs espées, en tesmoignage du zele & affection qu'ils portoient à la deffense de la foy & religion Chrestienne y annoncée : Lors ceste deuotion estoit par toute la Chrestienté assistée des graces & faueurs de Dieu à toutes occurrences.

Texte de l'Euangile, porté à baiser au Roy.

L'Euangile leu, le texte en fut porté au Reuerendissime Archeuesque de Bourges par ledit Abbé de Saincte Geneuiefue, pour le presenter à baiser au Roy.

Ce fait ledit Abbé le rapporta à l'Autel, & bailla à baiser à l'Euesque de Chartres officiant.

Offrande.

LE Cantique de l'offertoire dict, sept Herauts & deux Huissiers de la chambre du Roy auec leurs masses, monterent iusqu'à son throsne, dont il descendit pour aller à l'Autel faire son offrande en l'ordre qu'ensuit.

Premierement marcherent lesdits Herauts & Huissiers.

Puis le sieur de Sourdis portant le vin en vn vaze d'or cizelé.

Le sieur de Souuré portant vn pain d'argent sur vn oreiller.

Le sieur d'Antragues portant vn pain d'or sur vn oreiller.

Le sieur d'Escars portant aussi sur vn oreiller vne riche bourse garnie de treize pieces d'or, chacune ayant d'vn costé l'effigie du Roy, auec ceste inscription : HENRICVS IIII. FRANC. ET NAVAR. REX. 1594. Et de l'autre costé vn Hercules, & à la circonference la deuise du Roy en ces termes, INVIA VIRTVTI NVLL EST VIA.

Apres eux monsieur le Chancelier, monsieur le Comte de sainct Paul, representant monsieur le grand maistre, & monsieur le Mareschal de Matignon representant monsieur le Connestable.

Le Roy enuironné des Pairs marcha, tenant

en ſa main dextre le ſceptre, & en la ſeneſtre la main de Iuſtice.

Demeurerent audit throſne (côme pour le garder) monſieur le grand Chambellan, & monſieur le premier Gentil-homme de la chambre.

Le Roy ainſi accompagné, eſtant arriué au grand Autel, leſdits Herauts & Huiſſiers, puis leſdits ſieurs Mareſchal de Matignon, Chancelier, & Comte de S. Paul ſe tirerent des deux coſtez, & firent place aux ſieurs d'O & de Roquelaure, leſquels auec grande reucrence prindrent des mains du Roy, l'vn le ſceptre, & l'autre la main de Iuſtice.

Lors leſdits ſieurs d'Eſcars, d'Antragues, de Souuré & de Sourdis, mirent l'vn apres l'autre en la main du Roy les preſens qu'ils portoient, pour les offrir.

Retour de l'offrande.

L'Offrande parfaicte, & le Roy reprenant le ſceptre & la main de Iuſtice, s'en retourna en ſon throſne & haut ſiege, accompagné comme deſſus, les chantres chantans en muſique (*Viue le Roy*) & les quatre ſeigneurs qui auoient porté les offrandes s'en retournerent és ſieges des Chanoines, eſquels ils eſtoient aſſis auparauant.

Benediction solemnelle, faicte par l'Euesque de Chartres sur le Roy, & les assistans, auant que dire, *Pax domini, &c.*

BEnedicat ✚ tibi Dominus custodiensque te sicut te voluit super populum suum constituere regem ita & in præsenti seculo fœlicem & æternæ fœlicitatis tribuat esse consortem. Amen.

Clerum ac populum quem sua voluit opitulatione & tua sanctione congregari sua dispensatione, & tua administratione per diuturna tempora faciat fœliciter gubernari. Amen.

Quatenus diuinis monitis parentes, aduersitatibus omnibus carentes, bonis omnibus exuberantes, tuo ministerio fideli amore obsequentes, & in præsenti seculo pacis tranquillitate fruantur, & tecum æternorum ciuium consortio potiri mereantur. Amen.

Quod ipse præstare dignetur cuius regnum & imperium sine fine permanet in secula seculorum.

Et benedictio Dei omnipotentis Patris ✝ & Filij ✚ & Spiritus ✚ sancti descendat super vos & maneat semper. Amen.

Baiser de paix presenté au Roy.

A Pres *Pax Domini* chanté, ledict Sieur Archeuesque de Bourges, qui auoit donné le

texte de l'Euangile à baiſer au Roy, vint à l'Autel
religieuſemét receuoir dè l'Eueſque de Chartres
le ſainct baiſer de paix, pour le luy preſenter : Ce
qu'ayant faict, les Pairs le baiſerent de leur part,
chacun en ſon ordre, en ſigne de mutuelle vnion,
accord & charité Chreſtienne.

Communion faicte par le Roy.

LA Meſſe finie, les Pairs amenerent le Roy de
ſon throſne à l'Autel pour communier.

Auant que ce faire, il entra en vn pauillon dreſ-
ſé ceſte part à coſté gauche pour ſe reconcilier
auec ſondit confeſſeur, puis ſe preſenta en gráde
humilité audeuant dudit Autel, où Monſieur le
Prince de Conty luy oſta ſa gráde Corone, pour
la reuerence de la Communion.

Les Pairs laiz oſterent auſſi leur parement de
teſte, pour meſme occaſion.

Le Roy ayant dict publicquement ſon Confi-
teor, receut de l'Eueſque de Chartres l'abſolutió
en la forme de l'Egliſe ; & par ſes mains commu-
nia au precieux corps & ſang de Ieſus-Chriſt,
ſoubs les deux eſpeces de pain & vin, auec indicible reſiouiſſance des aſſiſtans.

Retour du Roy en son Palais.

CE que dessus faict, le Roy reprit sadite grande Corone, au lieu de laquelle l'Euesque de Chartres luy en mit sur la teste vne plus legere & moyenne, qu'il porta en retournant à l'hostel Episcopal, vestu de ses habits & ornemés Royaux, en la mesme compagnie, ordre & ceremonies qu'il estoit venu en l'Eglise pour estre Sacré, auec tres-grand applaudissement & acclamation du peuple, criant de toutes parts, *Viue le Roy*, outre le son des trompettes, tambours, & instrumens de musique, harquebusades, & coups de canons.

La grande Corone y fut portée deuant sa Majesté, sur vn riche oreiller, par monsieur le Duc de Monbazon.

Le Sceptre, par le sieur d'O, & la main de Iustice, par le sieur de Roquelaure.

Renuoy de la saincte Ampoule.

LE Sacre paracheué, fut à l'instant ladite saincte Ampoule honorablement emportée par lesdits Barons en ladite Abbaye de S. Pierre, & renduë aux Religieux de Marmoustier, pour la remettre en leur Monastere, ce qu'ils promirent de bonne foy faire : & depuis furent les panonceaux defdits Barós pofez au Chœur de ladite Eglife de Chartres, en perpetuelle memoire dudit Sacre.

Festin & ordre d'iceluy,
à difner.

LE Roy aprés auoir (à fon retour) changé d'habits, vint en la grand fale Epifcopale, au bout de laquelle y auoit vn daiz de fix toifes & demie en quatré, & de trois pieds de haut, & deffoubs vne table de neuf pieds, fur laquelle il mangea.

A la main dextre eftoit vne table, à laquelle les Pairs Ecclefiaftiques mangerent, reueftus de leurs habits Pontificaux.

A la gauche vne autre table, en laquelle mangerent auffi les Pairs laiz, auec leurs habillemens de Pairs.

Au deffous defdites tables en fut dreffee vne autre, en laquelle mangerent Meffieurs les Ambaffadeurs d'Angleterre, & de Venife, mófieur le Chancelier, & les Officiers de la Corone, auec ceux qui auoient porté les honneurs.

L'Euefque de Chartres benit la table, en la maniere vfitée entre les Catholiques.

Tant que le difner dura, monfieur le Marefchal de Marignon (reprefentant monfieur le Cóneftable) fut toufiours debout au bout de la table du Roy, tenant fur vn carreau en la main l'efpee Royale nuë & droicte.

F

Monsieur le Comte de S. Pol seruit de grand Maistre, portant le baston haut, les Maistres d'hostel marchants deuant luy le baston bas.

Monsieur de Rohan de panetier.

Monsieur le Comte de Sancerre d'Eschanson.

Monsieur le Comte de Torigny de trenchant.

Les gentils-hommes de la chambre porterent la viande, & fut chacun seruice accompagné du son des trompettes, clairons & haut-bois.

Entre les seruices, la musique chantoit tres-melodieusement.

La nape leuée, l'Euesque de Chartres dict pour graces *Laus Deo, &c.*

Elles furent redoublées par la musique, comme le feu Roy Henry III. (que Dieu absolue) les faisoit dire.

Apres lesdites graces, le Roy (accompagné desdits Pairs, Ambassadeurs, & susdits Officiers de la Corone) se retira en sa chambre, où il les licencia, & permit de s'aller rafreschir.

Festin Royal fait aux Dames au souper.

L E soir, le Roy en esiouïssauce de ce qui s'estoit passé à ce iour, festoya somptueusement les Dames cy apres denommées.

A sa table s'assit Madame sa sœur, souz vn mesme daiz.

Entre sa Majesté & elle y auoit quelque peu de distance.

A la main droicte seoit madame la Princesse de Condé, auec madame la Duchesse de Niuernois.

A la main senestre, au dessouz de Madame, estoit madame la Princesse de Conty, auec mesdames de Rohan & de Rets.

Monsieur le Comte de Soissons y fit son estat de grand Maistre, & deuant luy marchoient les Herauts & Maistres d'hostel.

La seruiette pour lauer les mains au Roy fut presentée à mondit sieur le Comte par le sieur de Gouais du Tiller, côme plus ancien des Maistres d'hostel seruans.

Ledit seigneur Comte la presenta à Madame sœur du Roy, ja assise, qui se leua de son siege pour la donner à sa Majesté.

Monsieur le Prince de Conty seruit de grand Panetier, & porta le premier plat.

Monsieur de Longueuille seruit de grand Eschançon.

Monsieur de Rohan, de trenchant.

A madite Dame sœur du Roy seruit de Panetier monsieur le Comte de Maulevrier.

Monsieur de Mirepoix d'eschançon.

Monsieur le Comte du Lude, de Trenchant.

A chacun seruice sonnerent les trompettes, clairons & tambours, en signe d'allegresse & ioye publicque.

Le souper finy, furent graces dites en musique, apres lesquelles le Roy se retira en sa chambre,

ſuiuy de madite Dame ſa ſœur, & de meſſieurs les
Princes, & meſdames les Princeſſes, & autres Seigneurs & Dames qui auoient aſſiſté au ſouper.

Quelque temps apres madite Dame ſe voulut
retirer en ſon logis, & le Roy l'ayant accompagnée iuſqu'à la principale porte de la grand ſale
Epiſcopale, ſe retira pareillement en ſa chambre.

Dieu vueille que ce Sacre tant memorable (qui
eſt le charactere de la Royauté & de la publicque
approbation d'icelle) reüniſſe la France en Foy,
Religion & accord, auec oubliance de toutes offences paſſees, afin de reſtablir en entier le cult
diuin, & l'obeïſſance deuë au Roy, ſur laquelle eſt
poſé le fondement de felicité en l'Eſtat.

CEREMONIES

OBSERVEES EN LA

reception du Collier de l'Ordre militaire du benoist Sainct Esprit, par le tres-Chrestien Roy HENRY DE BOVRBON IIII. *de ce nom, en l'Eglise de Chartres, le 28. iour de Feburier* 1594.

E Roy voulant (suiuant les Statuts dudit Ordre) receuoir au lédemain de son Sacre ledit collier, par les mains du Reuerend Euesque de Chartres messire Nicolas de Thou qui l'auoit Sacré, vint pour ce faire en ce iour à trois heures de releuée en l'Eglise de Chartres, pour ouïr les vespres dudit S. Esprit, assisté des Officiers, Prelats, commandeurs, & Cheualiers dudit Ordre, vestus de leurs grands manteaux, & ayants leurs grands colliers au col: & y furent les ceremonies (à ce requises par lesdits statuts) exactement obseruees.

Ledit Euesque pontifia, & la chapelle du Roy y chanta les Psalmes à l'aigle, auec la musique, violes, & concents accoustumez.

Au chant du Cantique (*Magnificat*) ledit Euesque ayant baisé & encensé le maistre Autel, porta
l'encens à sa Majesté en son siege de parade, à sa
premiere chaize du Chœur à costé droict.

Apres l'oraison du S. Esprit, & la benediction
solemnelle impartie à l'assistance par ledit Euesque, le Roy (entre Vespres & Complies) vint vers
ledit Autel pour prester le vœu & serment dudit
Ordre, comme chef & souuerain grand Maistre
d'iceluy.

Ce qu'ayant faict & iuré entre les mains dudit
Euesque sur le texte du S. Euangile, que tenoit
Monsieur le Comte de Cheuerny Chancelier de
France, & dudit Ordre, le signa ainsi qu'ensuit.

Forme dudit serment & vœu.

NOVS Henry par la grace de Dieu Roy de
France & de Nauarre, iurons & voüons so-
lemnellement en vos mains à Dieu le Createur
de viure & mourir en la sainte foy & religion Catholique, Apostolique & Romaine, comme à vn
bon Roy tres-Chrestien appartient, & plustost
mourir que d'y faillir : de maintenir à iamais l'ordre du benoist S. Esprit, sans iamais le laisser de-
cheoir, amoindrir, ny diminuer tant qu'il sera
en nostre pouuoir : obseruer les statuts & ordonnances dudit ordre entieremét, selon leur forme
& teneur, & les faire exactemét obseruer par tous

ceux qui font & feront cy apres receuz audit ordre:& par exprés ne contreuenir iamais,ny dif-
penfer ou effayer de changer ou innouer les fta-
tuts irreuocables d'iceluy.Ainfi le iurõs,voüons,
& promettons fur la fainâte vraye Croix & le St
Euangile touchez.

Ledit ferment presté ainfi que deffus, le fieur
de Rhodes veftit le Roy du grand manteau dudit ordre,& ledit Euefque luy bailla ledit collier,
en faifant le figne de la Croix,au nom du Pere,
du Fils,& du SainâtᵉEfprit.

Le fieur de Beaulieu Ruzé,grand Treforier
dudit ordre, mit és mains dudit Euefque vne
Croix pour pendre au col à vn ruben de foye de
couleur bleuë celefte,auec vn chappelet d'vn di-
zain pour préfenter au Roy,qui les receut,& bailla en garde au Sieur de Roquelaure.

Le Roy s'en reuint apres en la chaize,où lefdits
Prelats,Commandeurs, Cheualiers & Officiers
dudit ordre l'allerent reblandir, & luy baifer les
mains.

Complies acheuées,fa Majefté s'en retourna à
l'Hoftel Epifcopal,en la mefme pompe & fuitte
qu'elle eftoit venuë à l'Eglife.

Fin du Sacre & Coronement du Roy
Henry quatriefme,Roy de Fran-
ce & de Nauarre.

EXTRAICT DV PRIVILEGE DV ROY.

PAR grace speciale, pleine puissance, & auctorité Royale, Nous auons permis & permettons à Fleury Bourriquât M. Imprimeur en nostre ville de Paris, d'imprimer, vendre & distribuer par tout où bon luy semblera les *Ceremonies obseruées au Sacre & Coronement du Roy tres-Chrestien, Henry IIII. nostre tres-honoré Seigneur & pere, que Dieu absolve, faictes en nostre ville de Chartres, en l'année 1594.* Et deffences à tous autres Imprimeurs & Libraires, d'imprimer ou faire imprimer, vendre & distribuer lesdites Ceremonies, si ce n'est du consentement dudit Bourriquant, à peine de confiscation de tous les exemplaires qui seront trouuez d'autre impression que de la sienne, & d'amande arbitraire : Car tel est nostre plaisir. Donné à Paris le 24. iour de Iuillet, l'an de grace 1610. Et de nostre regne le premier.

Par le Conseil.

BRIGARD.

www.ingramcontent.com/pod-product-compliance
Lightning Source LLC
Chambersburg PA
CBHW051547050726
47595CB00002B/672